JN323102

神道正伝

# 亀卜判断法

辻 陳雄

辻陳雄著

神道正傳

# 亀卜判斷法

東京
明文社

# 序

事の疑はしきを定め、世の惑ひを解くは占術にしくはない。太占は我國古來の卜法であつて神隨の眞諦である。畏くも神代諾冊二神が天神の命を乞はれた事から始まり、高天原の太祝詞によつて天孫降臨から歷代皇室の御傳承に至るまで、此神事を慣行して判定を仰いで居る。後の世となつては益々神人の隔りが遠くなつて之を沙庭、祈請に依つて神意を伺ひ鹿卜龜卜に依つて神の教示を受け、琴占水占等諸種の厤知によつて人事を定めた事は史によつても明かである。國民も又之れに神習うて此卜法を行ひ、禍を去り、福を招くの法としたので全く太占の卜法は皇國の國風で、殊に龜卜の法は其組織に於て尤も完全に發達して幽玄奥妙なものである。然もこれが卜部氏の專屬、一家相傳となつて高遠幽邃なものだけに、一般に之の法を傳へる事がないのを、今回舊知辻君によつて龜卜正傳が公開された事は實に時機に適した事で、特に本書の內容を見ると全く他に比類のない珍らしい著である。其太占の龜卜の占辭を本として更に之れに加ふるに五行、數順、易斷の判兆を比較し、龜卜神語の五語から二十五の活動に至る神秘の龜相を表明して、古典の章段二十五條の神爲を配し、嚴正なる解釋を施して居る點から一面古事記全體の解釋とも見るべく、然もこれに現代慣用の筮法を織込んで神易判斷の決定を與へて居る。所謂神爲太占の原理を人爲法則の原理に及ぼして居る處に本書の價値があり、苦心があり、珍らしい處である。特に現在一般神社及神道家の間に於てすら眞の神意を卜問ふ神事は廢れて、或は簡易なる御鬮等を用ひ、辛うじて一時の運命迷晤を示して居るに過ぎぬ。ましして一般社會に於ては九星干支の運行に凝つて、甚だしく迷信盲信に荒さんで居る場合、我邦國史の太元たる別天神の神意を基礎として嚴然たる神人一致の正斷を理想として居るものであるから、國體教育、敬神教育の方面から見ても、又我國體の優秀性から見ても、是非この卜法を以て各自の自己を作る上から、本書は適確の要書であることを推賞するに躊躇しない。

本書の發刊に當り些か愚感を述べて序とする譯である。

昭和十年六月吉日

平　田　盛　胤

# 序

頃者友人辻君其の著神道正傳龜卜判斷法龜甲代器添付一卷を示され、之に序せよと言ふ。余其の人に當らざるも君が誠意に感じ一讀するに、濁水蕩々たる世相に鑑み、惟神の大道の本源を尋ね、以って狂瀾を既倒に廻さんとする努力の大なるを見る。顧みれば時代の轉進と共に、我が國民生活より神人不二の精神的境地、次第に其の影を薄くし、神人交通の眞諦漸次其の力を失ひつゝあるは、國初より祭政一致の大道によって、修理固成生々化育の實道を以って進み、今は東洋の盟首として世界を皇道化すべき重任を擔へる、世界的新日本將神國日本にとって憂慮措く能はざる所なり。偶々本書を得て大旱に雲霓を望むの感あり。君は本立って道生ずる事を思ひ、茲に皇國活動の本源を明らかにしつゝ、而も時代の轉移に合考し、時代に卽したる國民生活の基調を確立せんとして、龜甲代器をも考案されたり。かくて現行の千種萬様の卜法をして眞に據る所あり、以て神人交通の祀典に則らしめんとせり。然り而して其の說く所頗る精緻を極め、神道の玄微を十二分に闡明し、不知不識讀者をして宇宙不易の神理に活眼せしむべし。余の江湖に推奬する所以亦茲に存す。聊本書出現の喜びを記して序言とす。

昭和十年六月

友枝照雄

神道正傳 龜卜判斷法

目次

# 第四編 略式卜法

神道正傳
# 龜卜判斷法

辻陳雄 著

## 第一篇 總論

### 第一章 太占

太占は神の御心を知る占法である。此神事は遠く神代に起る。「古事記」に「伊邪那岐神伊邪那美神二柱神議云、今吾所レ生之子不レ良、猶宜レ白ニ天神之御所一、共參上請ニ天神之命一、爾天神命以布斗麻邇爾卜相而詔レ之、因ニ女先言一而不レ良、亦還降改言」とある。是を太占の原始とする。又「同書」に、「召ニ天兒屋根命布刀玉命一而内ニ拔天香山之眞男鹿之肩一拔而取ニ天香山之天之波々迦一而令ニ占合麻迦那波一」とあるは、天磐戸の神隱りの大事變に於ける神祭の義であって又鹿卜として書に見えた始めである。又「日本紀」に「天兒屋根命主ニ神祇之宗源一者也、故俾下以ニ太占之卜事ニ而奉ㇾ仕」とあるのは中臣の遠祖たる天兒屋根命をして神と神との中を執る臣と定め神籬・磐境を以て皇國の爲めに神祭を行ひ、太占の行事を齋行する職掌とせよとの詔である。又「天神壽詞」に「由庭乃瑞穗遠四國卜部等太兆乃卜事遠持氐奉仕氐」とあるは大嘗の悠紀・主基の瑞穗を奉仕する國郡卜定の始めの義である。斯く尊い嚴しい太占は上代に於て先づ天神の神意を卜問ふことによつて始まり諾冊二神の國土の修理固成も天照大御神の御出現も、皇御孫命の御統治も悉く太占の御敎示によらざるは無いのである。畏くも皇國の神典を仰ぎ見るとき高天原に神留坐上有君の大御敎の任に、歷世天都日嗣を知ろし食し祭政一致の政事を敷き行はしめ給ひ、天地萬物は造化三神の靈によつて彌々發現し、萬民は靈妙なるむすびの御德によつて豐かに輝いて居る。この惟神の本源から少しも無理のない事實を在りのまゝに踏み來つて幾千歲を經た今日の人類の生命の裡に活躍して息むことなく諾冊二神の御物語は永久に我が國民の腦裡に染み込んで、星移り物變つても、皇國の歷史には昔も今も一貫して變りがなく、神代卽今日の如く、在天の神靈、地上の神祇によつて守護せられつゝ、總ての行動をなして居るのであるから、これを判定する太占の卜法は、或は鹿卜・龜卜となり、或は諸種の卜法となつて變化しても、よし周易・陶宮・四柱の輸入到來があつても、依然として惟神の神意は變らないで、然も之等傳來の諸法は同化され咀嚼されて、完全な日本精神に歸一されて居るものであることを堅く信ずるのである。

## 第二章　鹿卜・龜卜の起源沿革

上古の太占の神事は、眞男鹿の肩骨を灼いて神の御心を卜問ひ仕奉つた事は神典に徴して明かであるが、更に何時の時代か、其鹿胛を龜甲に代へて仕奉る樣になり、中世以後に至つては全く龜甲をのみ用ふる事となつたのである。されば鹿卜は、古く高天原に於て天神の始め敎へ給へる卜事から傳はり、次で龜卜も天孫降臨より以來歷朝用ひ給うた日本特有のものであると思考せられる。それを龜卜は總て支那の傳來であると說く者があるが之れは當らない。勿論彼國の「河圖」から起つた易緯の遺文と「洛書」から發した算龜法との傳來によつて我が國固有の卜法に變化を來たしたことは事實であらうが、根本に於て我が國の卜法は神意を卜問ひ奉る神事として鹿卜・龜卜を始め諸種の卜事は嚴然として存在して居つたものである。まして周易・陰陽・星官の諸法が交り用ゐられた事はずつと後代の事である。崇神天皇の條に、「布斗麻邇々卜相而求二何神心一」とあるのは、其當時何れの卜法を以てせられたか明白でないが、先づ龜卜祭文の辭に「吾皇御孫命者豐葦原　水穗國　安　平　知食　天降　奉寄之時誰神皇御孫命朝之御食夕之御食長御食之遠御食聞食之間可仕奉神問給之時仕ニ天香山一白眞名鹿、吾將ニ仕奉一、我肩骨內抜抜出火ニ成卜一以問レ之、問給之時已致ニ火僞一、太詔戸命進啓曰、眞名鹿者可レ知ニ上國之事一、何知ニ地下之事一、吾者能知ニ上國地下天神地祇一況復人情悒哉」とある。此文は「釋日本紀」に所載されて居るのと大同小異であるが、此古文を考へて見ても、重に天孫降臨以來の歷朝公式の御卜法は龜卜であつた事を覺り得られる。

而して鹿骨を灼いて仕奉る卜の法式は、今之を傳へて居るものがないので明かにしないが、伴信友翁が「正卜考」に、鹿卜の圖形を擧げて說かれてあるのを見る。何れ鹿卜神事に就ては後篇に詳述するが上代に於ては、鹿も猪も共にシシと云うて廣く衣食住の用に供せられて居つた關係上、鹿は尤も多く手近にあつたもので、之を以て卜具とした事は自然のことであらう。祝詞の用語にも鹿自物膝折伏などあり、又春日・鹿島の神鹿の關係といひ、其他上代遺物の武器や、調度等にも多樣に鹿骨を使用して居つたことは明かであるから、重に鹿骨を以て卜兆の具に用ゐられて居つたとも解せられる。されば神祇宗源たる中臣氏が天兒屋根命以來・齋部氏が天太玉命以來、共に上代から神祭の事を預り仕奉て鹿卜・龜卜の神事の奉仕は勿論、更に諸種の麻知占をも行ひ來つたものと推定される。そして遂に卜部家の專業となつてからは龜卜の法式にも一定の掟が出來て具體的な發達をなして來たのである。

由來動物の骨を以て事を占ふ事は西洋にも其例が多い。羊の肩甲骨を火に灼いて其響や割れ目によつて吉凶を判斷したり、鷄の股にある翔骨を削つて其孔の奇偶の數に依つて正否を定めたり、其孔に竹を差込んで其傾き方に依つて結果を豫知したりする事等、種々古代の風習があつた事を見るのである。されば我が國に於ける古來の卜事にも、太古の太麻爾は元より、或は人事百般の吉凶禍福を問決するものとしては種々な占法も存して居つた事は勿論であらう。

然し我が國上古に嚴行した太占の鹿卜・龜卜は畏き神の神意を伺ふものとして尤も重く嚴かに取扱はれ、之を行ふ上には所謂眞の神人一體の妙諦の上から宇宙の根本原理を闡明する眞理として眞面目に奉仕したもので、太古天津神の御奉仕に神習うて、神武天皇御東征の際の諸種の靈感といひ、神功皇后の親ら神主となつて沙庭を奉仕された事と云ひ、崇神天皇の躬ら神淺茅原の御親祭といひ、我が國の上代史の上に其證顯は頗る多い。特に占に太の字を用ひて、布斗麻爾と訓み所謂最上位の意味と權威とを以て、公理・公道・公式の意を立てゝある事は、實に神隨の國の尊い麻爾麻爾の神事であり、立派な皇學として神に對する體驗・試煉・作法・行事までも完全に備へた實行法で、諸外國の占とは其傳統、信念の上に於て、非常なる權威と懸隔を持つて居る事を忘れてはならない。

大寶の神祇令の條文に、「卜者灼レ龜也、兆者灼レ龜縱橫文也、凡灼レ龜占二吉凶一者是卜部執業」とあつて中臣氏のうち一黨中から出た卜部氏の一族が、この職掌を奉仕することゝなつて、四國の卜部と定められて壹岐・對島・伊豆に居住の地を與へられ、宮中の神祇官に仕へて神事に携はるは勿論、何れも其國にあつて龜卜を奉仕して居つたのである。殊に卜部居住の地を海邊に定められた事は、一に其材料たる龜甲を得るに便なる地を選ばれた事に起因する所が多い。卽ち神功紀に神功皇后が筑紫の行宮に在つて神意を卜問ひ給うた際、顯はされた中臣烏賊津使主を審神者とせられて以來、對馬卜部の始祖として雷神とも、沙庭神とも齋き仰がれ給ひ對、馬國下縣郡豆酘村に鎮座せられる雷神社の御祭神となり給ひ、又伊豆卜部の伊豆國加茂郡白濱なる伊古奈比咩神社の祭神を龜卜の神と仰ぎ奉つて居ることとも、又鹿島・彌彦等の各地に中臣氏の繁榮と神祇奉仕の盛儀に伴つて卜法を取扱つて居つた事も、現在の對島・伊豆八丈島・常陸・越後等の地等に其傳來の祕錄を存して居ることによつても明かである。されば後篇に於て之等の卜法を詳述するが、要するに我が國固有の太麻爾の神事は、鹿卜に始まつて龜卜に至り、中臣卜部の職掌となつて行ひ傳はつたものである。

# 第三章　卜・麻知の意義

抑も太占と云ふ稱呼は古くは太兆の字を用ゐ布斗麻爾と訓んで、布斗は稱辭、麻爾は麻々と云ふと同じで、神慮に任せ順ふの意である。布刀は眞木柱 太 心の太で、麻爾にかけて稱へたる義である。龜卜を行ふに龜甲の裏に┼┣の如き線を刻んで町といひ、其町にかゝれる火坼によつて意味を判じ神慮を兆するので、其町筋に神の麻爾の表はれたのを卜するといふのである。

麻爾は「寛平熱田縁起」に、「吾大王乃此太刀乎置給閉禮婆岐美能美古止乃麻爾志太比守里」とある麻爾で、「釋日本紀」神代卷に、「問是何 占 哉、答是卜之謂也、上古之時未レ用二龜甲上一、以二鹿肩骨一所レ用也、謂二之フ止マ爾一」とあり、又太占とは、讀二太町一據二甲ノ穴體一者也といひ、「龜兆傳」に以二天刀一掘レ町とある下に、穴體似レ町と註してある。又田處に麻知といふ義は、畔道を便宜に縱橫に區劃をなして、水を引く便とするに用ひ、畔道の縱橫の意である。「和名抄」蒼頡篇に、「町は田處の區也、和名 末知といふ」とあり、又「字彙」に、「町は町、區の畔道也」とあつて、重に田處を區劃することに云ふのである。

又田法に町と云へるは、「日本紀」孝德三年紀に、「班田既訖、凡田長三十歩爲レ段、十段爲レ町」と見えて居るを始めとし、令の制に、「田長三十歩、廣十二歩爲レ段十段爲レ町云々」とある。「姓氏錄」に額田姓の條に、「馬額に田町の如し、仍姓賜二額田連一」とあり、額田郡湯坐連の系譜に、「允恭天皇御世獻二御馬一匹一、額有二町形廻毛一云々」とあつて、其形の稱號から區劃の名稱にも用ゐられたことなど此等の證例によつて知られる。又出雲神賀詞に、「麻知爾波五百篁出卒」とあるのは其シルシにはの意で兆を豫定するのである。

任をマニマと訓むことは、古語には盛んに用ひられて居つて、マチ・ママにも通じ訓まれてゐる。麻知・ママ同意で、其シルシの意であり、間の意もある。祭祀をマツルと云ふのも、神と神、神と人の間をツルの意から起つて居る。マは間であつて、神を招き神を祀つて其間を近寄せるの意である。又、神典にある天照大御神と素戔嗚命との間に行はれた誓約も、ウケヒと訓んで、豫め斯くと條件を豫定して後、其結果を見る法で皆同じ意であり、御日待・月待のマチも、或は待針とて裁縫するに豫定の處に打つ針の事も、誤る事をマチ交ふと云ふのも、皆豫想を立て交はるの謂である。「文德實錄」に、嘉祥三年七月、遠江國任事鹿苑兩神云々を「神名帳」に遠江國佐野郡己等乃麻知神社と載せある神社名を見ても、任の字をコトノママの意に訓まれて居ることが知られ、其他中古の國文には皆任の字をママと訓んで居るのでも知られる。

次にトの字をウラと訓むのは、表に對する裏の意であつて、顯はれない内の意もあり、心を問ふの意もある。延いて心の事をウラと云ふやうは、心サビシと云ふをウラサビシと云ひ、心の落付かぬ事をウラブレとも云ふやうに、心をウラと云つた例も多い。ト兆はウラカタで、占の表はれたる形をいひ、龜甲の裏の町にあらはれた形の意である。又易をウラナヒと和訓で云ふのも皆同じ意である。

## 第四章　諸種の占法

上古の卜には先づ太占を始めとし、其他に琴占・片巫（かたかんなぎ）肱巫（ひぢかんなぎ）・志止々鳥占（しとゞとりうら）・竈輪占（かまわうら）・米占（よねうら）・飯占（いひうら）・粥占（ゆうら）・菅占（すげうら）・夕占（ゆふうら）・石占（いしうら）・足占（あしうら）・橋占（はしうら）・水占（みなうら）・灰占（はひうら）・帶占（おびうら）・苗占（なへうら）・依瓶水占（よるべのみづうら）・三角柏占（みつかしはうら）等多種多樣ある。共に神意を卜問ふことから始まつて我が心の迷ひを決するに用ひて居つたのである。其他久慈と云ふのがある。久慈眞知神を齋きて事を決定するを云ひ、後世の鬮の起原をなして居るのである。此神は卜庭神京中坐太詔戸命神・久慈眞知乃命神とあるを以ても知られる。

琴占は伊勢大神宮に行はれた御巫の琴にて歌を奏し朝倉に神の御心を問ふ神事であり、片巫（かたかんなぎ）肱巫（ひぢかんなぎ）

は「古語拾遺」の大地主神の營田唾饗の條に行はれた占人の神事であり、其他飯占・粥占・米占は御饌を以て筒粥とし五穀を以て吉凶を定め、夕占以下は多く古歌によつて往還の人を以て占を判定し、水に木に皆各様の麻知を定めて表裏を知り、或は人の心を考へ、死靈を寄せる梓の行事も出來たり、神意を卜問ふに御巫によつて種々なる方法も行はれて來た等は、何れ後篇に詳記することゝする。

## 第五章　龜卜行事と其傳書

龜卜は斯くして古くから卜部の職となつて行はれたのであるが、特に宮中公儀には、神祇官に卜部を置いて神事儀式に奉仕せしめ、陰陽寮には陰陽師を置いて筮法を用ひしめられてゐる。されど孰れも卜を重しとし筮を輕しとして取扱はれた事は、官寮不レ同之時官用と「禁祕御抄」に明記されてあるやうに、神祇官の卜定と、陰陽寮の判定とが異なつた場合には神祇官の分を採用すると決められて居るのでも知られる。又支那にても、「周禮」に、大事先筮後卜と云ふ文があり「左傳」に筮短龜長とも見え、又太夫以上は卜を用ゐ、士庶人は筮を用ふるとあるによつても、其輕重と取扱ひの程度が明かである。然るに我が國中世に至つては、龜卜は大嘗祭の國郡を卜定する外、重に神事の儀式等にのみ限り用ゐられ、他は専ら筮法を用ひて簡易に吉凶を判じ、太衍暦數や星運巡行等によつて陰陽道の著しい發達となり陰陽博士・暦博士・漏刻博士など何れも重要な地位を占め、天地日月星辰の異動から天災地變の判定、改元沿革の理由などにも、皆この筮道によつて決定明示せられる事となつてしまつて、遂に龜卜は唯だ宮中の御儀式を預るのみのものとなつて、士庶人一般には總て易卦・陶宮の術によつて八卦・星運・干支の運勢を信じ用ふることゝなり、全く我が國固有の卜法を顧みない事となつてしまつた。

殊に神を鎭祭する神社に於てすら正式の占法を用ひず、或は御鬮箱を用ひて易筮判定の刷物を使用したり、甚だしきは巷路の辻占判斷の如きものによつて辛うじて其用を充たして居るの狀態にあり、神に誠を捧げ、神意を卜問ふには餘りに無稽の嫌ひあるを感ずるのである。唯だ僅かに壹岐・對馬・九州の一部・越後彌彦・伊豆白濱・八丈島等の卜部の所在地に其形を存するものあるの外、神道家の一部に行ふ神占、及び鹿島神宮の葉若の神事、貫前神社の鹿卜の舊儀等、二三の舊事を止めて居る。然も他の神社にありても古く其慣行の舊儀は必ず存するものありと信ずるも、今はたゞ筒粥・飯占等の外何等神慮を卜問ふ神事の行はれてゐないのは遺憾の極みである。從つて卜法を傳ふべき傳書も散逸して今は見る影もない。

龜卜を傳ふる傳書としては、流石に對馬卜部の諸家に傳はれる龜兆諸傳の寫本が多い。卜部兼魚の「龜卜傳」（一名龜卜相傳祕事）牟田榮庵の「龜卜口授」及び五鰭翁に傳ふる祕錄、萩原家の「諸龜卜傳」「四宮神主龜卜傳」渡會延經の對馬龜卜傳筆記の「渡會傳」松下見林の「見林傳」（一名、松下傳）岡田正利の「岡田傳」等であつて、伊豆卜部の諸家の傳書としては、伊豆賀茂郡白濱なる伊古奈比咩神社緣起中の龜卜法の「白濱緣起」、伊豆八丈島高橋閔愼が八丈島村每の卜部より聞書きせる伊豆卜部の龜卜法の「八丈傳」等である。又越後國蒲原郡伊夜日子神社の神職家に傳はる太古龜卜の「彌彥傳」、吉田家の祕書「神撰龜相記」等十數傳を存する譯であるが、何れも口訣同じからずで、然も秘傳として世に公にせず、一家相傳の書として寫本の儘に傳はつて居るのである。此等の傳書を實地に調査して見ると多く同名異本よりも異名同本が多い。現在帝國圖書館に存する諸種の寫本が貴重本に取扱はれて居るものも、同種のものが多い。今其傳書を奧書によつて傳授系統を立つれば、

一、龜卜口授秘訣

右龜卜秘訣一卷者對州醫師牟田榮庵所レ口二授玉木正英丈一也、自二正英丈一傳二之於予一者也。

享保元年丙申八月　日　　光海翁源良顯

二、卜部兼魚龜卜傳

右天兒屋命五十五世神祇大副卜部兼魚朝臣直授

元祿辛巳五月吉日　匹田與壤軒藤以正朱印

栗原秀軒老曼上

## 三、萩原家龜卜傳

右以二卜部家累代之秘本書一寫レ之、寔雖レ爲二唯受一人之家業一自二兼從卿一（吉田兼英號萩原父兼治）受レ之畢、秘中之極秘、勿レ許二他見一愼而莫レ怠也

右龜卜者は萩原家相傳之秘本也、以二信相自書之全本一寫レ之、不レ違二於一點一者也、可レ秘可レ秘焉

## 四、四宮神主龜卜傳

右大伴宿禰重堅依二對島卜部一書留者也　元祿十一戊寅歲五月二十五日以二重堅本一寫レ之、校合畢

天明四年甲辰四月二日　伊勢平藏貞丈寫

右四書は享保時代頃の對馬龜卜の傳書の骨子であつたので、今も龜卜の傳書としては皆之れから發して居る。今この傳書を傳へたる人の系統を考へると左の通りである。

一萩原侍從兼從（浦海靈社）——伊澤左馬助——小原新助——同嫡源次郎（萩原傳）

一伊勢祭主——大伴宿禰重堅（四宮神主）（渡會傳）

一卜部兼魚――――四田與壤軒（四田傳）栗田秀軒（栗田傳）松永正的（醫者與壤軒自對馬官位に登り秀軒ニ傳フ（貞丈百瀨川書）正的ハ秀軒實子也、松永永三養子也、永三貞德孫昌三ノ子也）

一牟田榮庵直政（對馬醫者於二京都一聞二神道於五鰭翁一對馬ニ往キ具ニ傳二龜卜一來リ授レ翁、今之口授此傳也）

右四師者五鰭翁龜卜傳授ノ人也

先年垂加翁雖レ求レ之此傳絕無矣、依レ之以考察十二本傳レ之、沒後四ノ宮重堅得レ之、然ルニ五鰭翁備得二牟田氏ノ口授一以下聞二于三子一幷軒廊御卜上校二合之一爲二末代之龜鑑一者也、今吉田萩原有レ書無レ傳、嗚呼五鰭翁之大功不レ可レ勝レ計、予傳二授之一以二口授之趣一記レ之畢、本書各別卷有レ之也

正德五乙未年季秋日　礒波翁岡田正利（岡田傳）

以上圈點を施せる書に依って各傳書の系統を知るを得よう。次で伴信友翁によって「正卜考」が著されたのであるが、流石に此三卷は此等の傳書を精讀して卜法の考證をなし藤原齋延の「對馬卜部龜卜次第」、杉村采女の「元文傳」を本據とし、牟田榮庵の「對馬龜卜口授」等を以て古代鹿卜・龜卜の法を說明してある。又天保十二年に御巫清直が當時傳はれる龜卜正傳十一部を選んで書き留めたのが林崎文庫の藏本となって居る。其他伊勢貞丈が「百瀨川」に書き留めたもの、又「葦齋翁口授書」や跡部良顯・玉木正英の神道傳などがある。明治に至っては角田忠行翁の「神撰龜相記」の拔粹講義、

余が知人杉本氏が「龜卜神秘抄」と題して五色判斷に神典と格言を加へて發行したるものを見る位である。余嘗て神社に奉仕する事多年、此間に明治十五年頃大原美能理先生が、越前氣比神宮の神靈に依つて妙得せりと云ふ「太兆判例」と云ふ父がものした筆記を手にして以來、龜卜法の研究に志し、更に近く各種の傳書を繙くに及んで、益々堂奥の深遠にして宏大なるを感じ、更に五行・易斷の判定と比較對照して、其實行に當つて見たが益々惟神の神意を感得する事が多いので、茲に我が國固有の太占を復興して普く世に公にし、神意の實在と、神典の妙諦の發祥に資せんとして、種々苦心の結果、平易略式の方法を考案し、龜甲に代ふるに龜甲代器を用ひ、「日本紀纂疏」に所謂、「以二櫻木皮一灼レ甲決二其吉凶一」とあるに因んで、櫻の木で龜甲代器を作り、甲代器に龜相の形の町を刻み、火坼に代はるに靈璽の玉を運行せしめ、神語五語の點所に五行の靈色を施せる穴を掘り、其の運行によつて神意を卜問ひ、判斷には本末判斷書を作つて、神語と神典と卜兆とを解説したのである。蓋し之を行ふものが、眞の信念を以て之に當らば、太占の卜法にも、龜甲の判定にも全く變らない結果を得ることと信ずるのである。

# 第六章　太占と神語解

太占の鹿卜・龜卜によって神問ふ基本は實に神語の五語である。其基本神語の釋義活動・奇相變化・配比、偶合等の實行は卽ち本書の本論であるから第二篇・第三篇に於て詳細に之を解説してあるが、今之を總括して大體を論述すると、神語たる五語は表に示す如く、吐・普・加美・依身・多咩の五つである。而して此五語こそ神典の別天神たる天御中主神・高御産靈神・神御産靈神の造化の三神と、可美葦加毘比古遲神・天常立神との二柱神を併せたる別天神の五神である。別天神とは國常立神からを實在神觀と見、天常立神迄の五柱の神を創造神爲として別天に之を仰いだ靈言である。又高天原の訓音、タカアハラ、の五文字の言靈活動の方則によって之れを配しても同じ事である。更に之を螺旋的順流・逆流の理によって無形神力・有形形狀の活動に考察しても可、三種の神器たる光明遍照の八咫鏡に、攝取愛護の叢雲劔に、圓滿無碍の八阪瓊曲玉に拜して判斷するも可である。まして仁義禮智信の五禮五體に變化するも隨意であつて、兆者の自由に應ずる處に此道の宏い意味が存するのである。

先づ吐はトと訓み、天御中主神の神意に當つて有無兩元の本である。普はホと訓み、高御產靈神の神意に當つて火の高く表はるゝ無形精神の本である。加美はカミと訓み、神御產靈神の神意に當つて有形物體の本である。依身はヱミと訓み、宇麻志阿斯加毘比古遲神の神意に當つて美はしく發する神の意で、多咩はタメと訓み、天常立神の神意に當つて、中に位して本を立つるの意である。この五神語こそ別天神五柱の御自生の御口自ら宣せ給うて、陰陽二靈の伊邪那岐・伊邪那美の二神に授け給うた天津祝詞の太祝詞であり、太古の神言として此れ以上の無い、尊いものであり、太古の卜事の詞として古くより鹿卜・龜卜によつて神意を卜問ひ奉つた大道の神語である。又「江家次第」に水はト・火はホ、木はカミ、金はヱミ、土はタメと記されてあつて、即ち水はトにて灌ぐの意、火はホにて放つの意、木はカミにて立つの意、金はヱミにて水を湛ふるの器具の意、土はタメにて龜甲を埋め藏するの意であるとあり、卽ちこの水・火・木・金・土は五行であつて、然も龜卜を行ふ場合の必具の要を兼ねて居るのも全く偶然でない。

又相反する元理として、地は地心に向ふ求心的元素、火は地立を離れんとする遠心的元素であり、水・風は其中間にあつて二元素に附隨し。此地上萬物の四元素に更に空を加へて考察するも可である。

又太極兩儀を生ずる理によつて陰陽の法則から易斷の卦爻に及んで、五體に區分することも出來る。又眞言大日如來の金剛・胎藏の兩面にも、法華久遠本佛によつて、塔智二道の釋迦・多寶に至らしむるも、哲學眞理の物化の作用から、唯心・唯物・心物同質・心物相剋・偶因併行も皆この太占の基本神語の五語奇相活動に包含せられる。實に神爲太占の原理をなす吐・普・加美・依身。多咩の五語たる別天神の神靈は、軈て人爲法則の原理を生成して行く基となるものである。さればこの神爲太占の原理たる眞諦妙理を得たらむには、五行・方位・季候の變化作用等悉く別表の法則に順つて判定し得られる譯であつて、更に奇相活動によつて複雜微妙なる靈界を理得し、人界に在りて、神人一致の大理想の境涯に入つて安心立命を得べきである。かくて總ての迷ひを定め、總ての事情に對し正解を與へ正しき道に就くことを得るのである。されど今古來齋行の龜卜法を實際に行はんとするには其方法・舖設等容易の業にあらざるを以て、本書は第四編に於ける如く龜甲代器を使用して略式判定法を示した。但し第二編に於て本來の龜卜神事の法と龜相占辭の大體を記述し、更に第三編に於て之を具體化した龜卜奇相判斷法を示してあるから、其判定には現在用ひられ居る各種の占判例を綜合すれば明白である。故に略式卜事を行ふに當つても、必ず一應は第三編の各部の要所を參照して判定の應用をなすを要す。

由來龜卜法の本義上、現在の筮法其他の如く、事毎に直ちに其吉凶禍福の解決決定を與ふるものに非らざるを以て、本書の出版に當りても、其實際用に供せん爲めの苦心を費したる次第である。卽ち時に當り事に望みて疑惑を生じたる際、先づ自己の德性に鑑み、暗智を明智に質し、衆智を合せて猶ほ決する事能はざる大疑惑有るに於て、初めて此尊き龜卜の神事を執行して神慮を仰ぎ決定するものであるからである。されば普通一般の人事の判定に當つては前述の如く第四編の略式法を行ひ第三編の判例を精讀して決定を與ふべく、龜卜の本義を實行する場合には飽迄其尊意を遵守して、苟しくも輕々ならず、全く鎭魂歸神と同體たらざるべからず。されば著者も將來斯道に就ては更に一層の研鑽修養を重ね各所の神事を講究して其奧儀の解說・傳習・修業の方法をも設けて太占本來の眞理を傳へて皇國傳來の國風を興振し、惟神の大道の發現に當らんとするものである。

# 第二篇　龜卜法

## 第一章　龜卜次第

龜卜は令義解にあるやうに、先づ龜甲を灼いて其縱横の文によつて兆を見る法である。而して龜を灼いて吉凶を占ふものは卜部の執業に決まつて居つた。其判定の方法は「凡卜者必先墨書レ龜後灼レ之、兆須ニ墨食一、是爲ニ卜食一」と令義解にあるやうに、先づ龜を灼くに龜甲に占事を墨或は朱にて記入して、其裏に町筋を掘つて兆竹と波々迦木を用ゐて之に火を指し其龜甲の割目によつて吉凶を判定するのである。而して其判定には龜相の占辭を定めて別天神五柱の神意を本體として、延喜式にある卜庭神二座神を祭つて占を伺ひ奉るのである。此義は尤も重い貴い故實であつて、大嘗祭の國郡卜定を始め天皇御體の御卜、宮中諸種の儀式等皆此神事を以て決して居る。今其法式を諸傳書によつて綜合して龜卜次第として示せば次の如しである。

龜卜を行ふには先づ前齋より始まり左の順序・舖設によつて神事を行ふ。

## 一、前齋七日の行事

龜卜を行はんとすれば先づ前齋とて物忌み七日を行ふのである。此間は卽ち卜庭神を迎へて卜問ふ物忌であり、清水にかゝつて別火精進をする。「太政官式」に「中臣率ニ卜部ー一日ヨリ始齋シテ卜レ之、九日卜竟リ、十日奏レ之」とあり「江家次第」に「神祇官人自ニ朔日ー籠ニ本宮ー迎ニ太詔戸神ー云々」。「宮主秘事口傳」に「自ニ六月朔日ー於ニ本宮ー行レ之、以ニ此日ー名ニ甲割ー」とあり、普通七日七夜を古例とする。此間に卜庭神を迎ふる設け、また甲割などの用意をする。尙ほ「白濱縁起」に「占カタヲ釋ス文ヲ七日七夜敎フ」ともあり、卽ち龜甲の町體を究めて卜問ふ卜兆を定むる事を釋約し覺えるのである。前齋を七日七夜とした事は神功紀にある神功皇后が中臣烏賊津使主を審神者として沙庭を行はれた時も、又鎭火祭の祝詞等にも例證が多い。上代には總て重い神事には七日七夜を用ひることが例であつた。

## 二、亀甲一枚

龜甲は長三寸、横二寸五分計り、龜甲の表を磨り滑かにして裏の方も磨き、卜する時には其裏に町を鑿で掘り込むのである。

龜甲は「元文傳」に龜の甲を取つて淸き所に置き、雨露に叩かせ一二年曝し置いたのを用ふるので、常に多くを用意して置くのである。其製法は先づ龜甲を放ち取り、其甲の表の皮に水を滌いでは乾し、乾しては水を滌ぎ數度之を繰返せば、自然に端から皮が剝がれる。更に十分に之れを晒らして甲の表裏を砥石で磨き鏡の如くする。其上各五六寸の大きさに鋸で引き切つて用ふるのである。龜は重に生きたるを用ひず、浮れ甲とて自然に放れた龜甲（或は海で死んだ龜が自然に磯邊に寄りついたのを浮れ甲と云ふともあり）の其大きさ四尺餘りのものを取つて用ふるので、又山に居る龜、海に棲む大龜を用ふることもある。但し山に居る龜は下腹の黃色な飴龜で黑龜は用ひない。「八丈傳」には龜甲には大龜の甲を用ひ、大なるは五尺計り、竪に大鱗五枚あるを大なみと云うて特に之を尊重し、これの皮を剝いで裏側の骨を削つて用ふるとあり、龜甲の産地は卜部の所在地である壹岐・對馬・伊豆の海濱を主とした。延喜式に紀伊・阿波・土佐から甲を貢らしむともあつて、何れも海濱の利便の地から獻せしめられて居る。「臨時祭式」に、「凡年中所レ用龜甲惣五十枚を爲レ限」とあつて、紀伊國中男作物十七枚、阿波國中男作物十三枚幷交易六枚、土佐國中男作物十枚幷交易四枚とあるにても知られる。「齋宮式」に、「龜甲十貳枚志摩より貢レ之」とあるを見ても何れも海邊の地から産出したことが知られる。

## 三　甲製作金具三點

甲掘鑿一具　小斧一柄　小刀一口　の三點で、何れも甲掘りと兆竹を削る具である。甲の町を掘る具をただ甲鑿ともカタホリとも云ひ、「元文傳」に鐵にて廣サ三分長サ三寸で打柄三寸計とある。又「龜卜口授」に、甲掘鑿は常の鑿より薄く三分計りの幅なるを佳とするとあり、小斧一柄は、刄一寸七八分、柄長一尺計りで、これを以て兆竹を削り、又町筋を掘るのである。小刀一口は柄七寸計り、甲を削るに用ふ。甲掘鑿は柄刄四寸五分、長五六寸計と記されてある。この三具を以て甲の裏に次に示す圖式の様に各々秘傳による町筋を掘り込むのである。

## 四　波々迦　指火木

町に火を通ずる木である。凡四五十本計り、波々迦の木を用ふ。長四五寸計で定まれる寸がない。波々迦は古事記に、取二天香山波々迦一令二占合麻迦那波一とあつて、古代卜法の鹿卜を行つて居た時から用ゐて居つた事は明かである。波々迦は、漢名、梓アヅサで或はこんがう木・よも櫻ともいひ、根皮を以て染色の原料に用ふ。又ミヅザクラとも云ふ。此木の花は櫻花に似て居るが、葉が生じてから後に花が開くのである。又倭名朱櫻、迦邇波佐久良ともあり、又山櫻なりとも云ひ「伊豆八丈傳」には、櫻の木の枝の東へ差し出でたるを用ふとさへ出て居る。又「白濱緣起」にも、櫻の木の皮に火を付けて燒くと記してある。尤も伊豆卜部の卜法には、櫻の木を以て波々迦と同樣に用ゐて居つたものか、全く櫻を以て波々迦として居つたのであらう。それは對馬卜部と伊豆卜部との龜甲を灼く方法も異つて居る點から考へても、又鹿島神宮の舊儀である天葉若の神事から見ても此木に就ては種々に考へられる。延文年間同社注進狀の記事に、天葉若木は靈木であつて、明神降臨の時附隨して來た神樹であるから、古くからこの木を用ひ、毎年正月に龜甲を灼いて吉凶の占を行ふ旨書き記してある。これには古來種々學說を異にしてゐる。又梓は御巫の神事に用ひて居る等の關係から相當考證の餘地がある。

## 五、兆竹一本

サマシ竹と訓む。定まれる寸法はないが大凡長五六寸餘、本を尖らして削り、末を圭の如くに切る。卜する度に新しく之を使用するので、「元文傳」に長七寸二分とあり、延喜式に兆竹、佐麻志竹とあり、「彌彦傳」に佐麻志竹五本、之を水鉢の上に並べて置き、甲を磨して此竹に懸け置くとあり、製法は各傳種々口傳があつて、細い竹を割つて指にて三つに折るのもあり、或は青竹を用ふるのもある。「松下傳」に、二指を双べて三折すとあるので凡そ大きさが窺はれる。

又平兆竹・小兆竹・兆串などを用ふる古例がある。皆太古の麻知の要に供した主要な具である。

兆竹

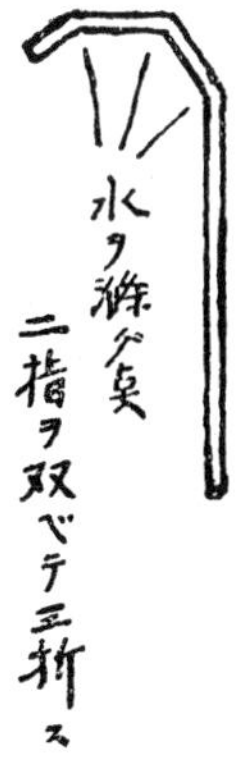


平兆竹青竹

## 六 兆雜具

墨一挺、陶器一口、燧具一具

墨は兆の割目に磨込んで太兆を明白にする爲で、陶器は水を盛る器で龜甲に滌ぐ水を入れる具である。燧具は木を磨つて火を燧り出す具で、出雲の燧臼・燧杵法、伊勢神宮の檜の燧具等は上代の法を傳へたもので、近代は燧石を以て金にて火を燧りだす一種の燧法である。

大體舗設は以上を以て卜を行ふ具が整つたのである。かくして前齋七日を畢り、愈々卜神事を行ひ、次で占辭を定めて、兆を釋するのでこれを占辭を勘考するといふのである。

## 第二章　龜甲の町形

龜甲に町を刻むを町形といふ。町は神のマヽの兆で、豫め左圖のやうに鑿で町筋を龜甲の裏に表から透して見える程度まで深く掘り刻むので、これを裏町と云ふ。

之れには種々傳書によつて異なる町形がある。

この町筋に波々迦木を以て火を指して卜事を行ふので、其方法は次に示す卜行事次第である。

例一、

表

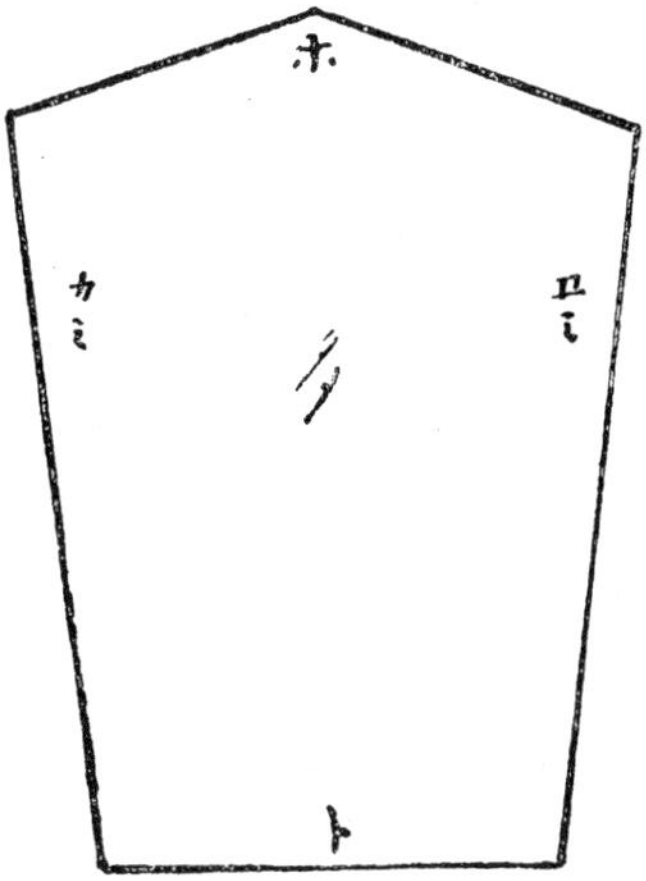


裏

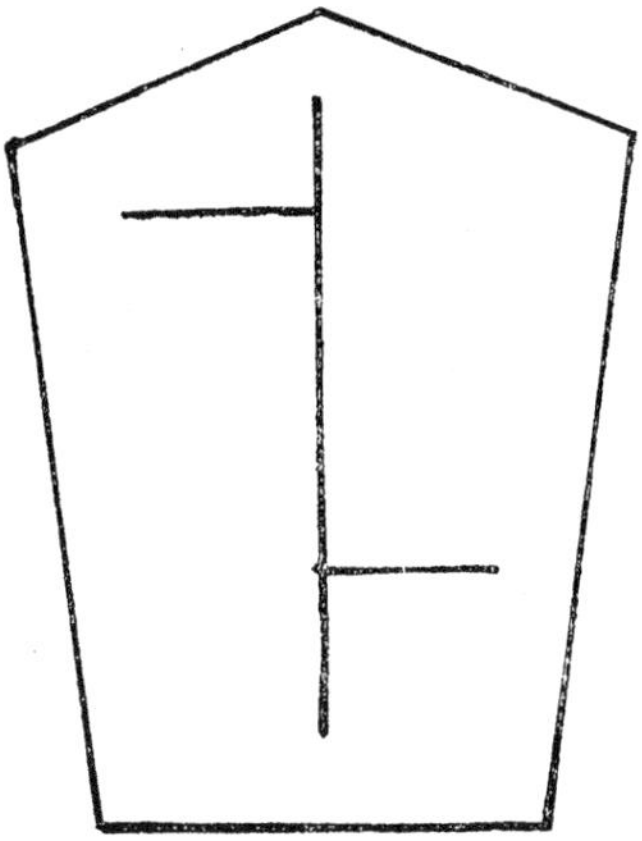

町筋ヲ太ク深ク刻ムモノ

例二、

表

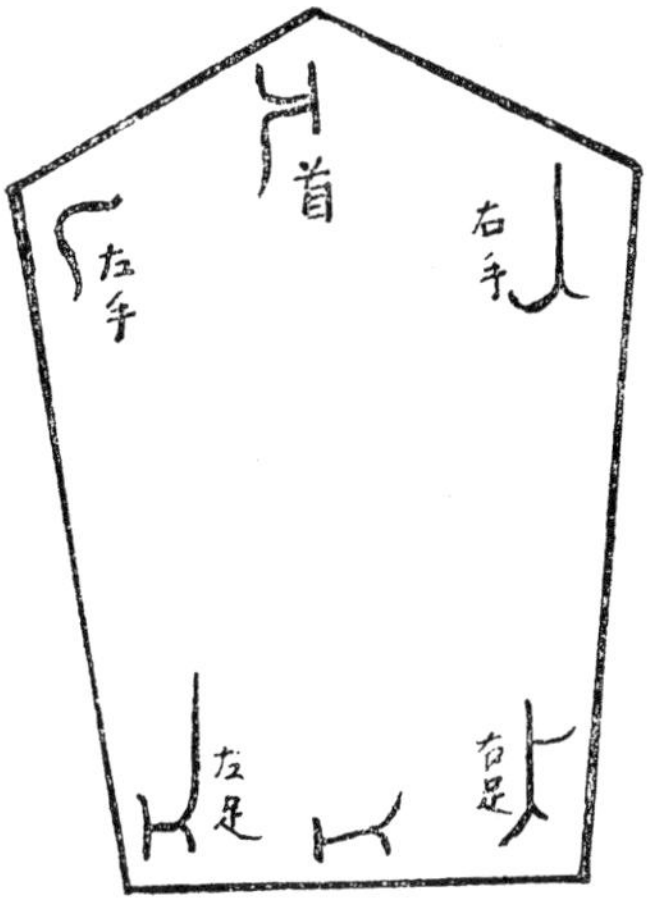


裏

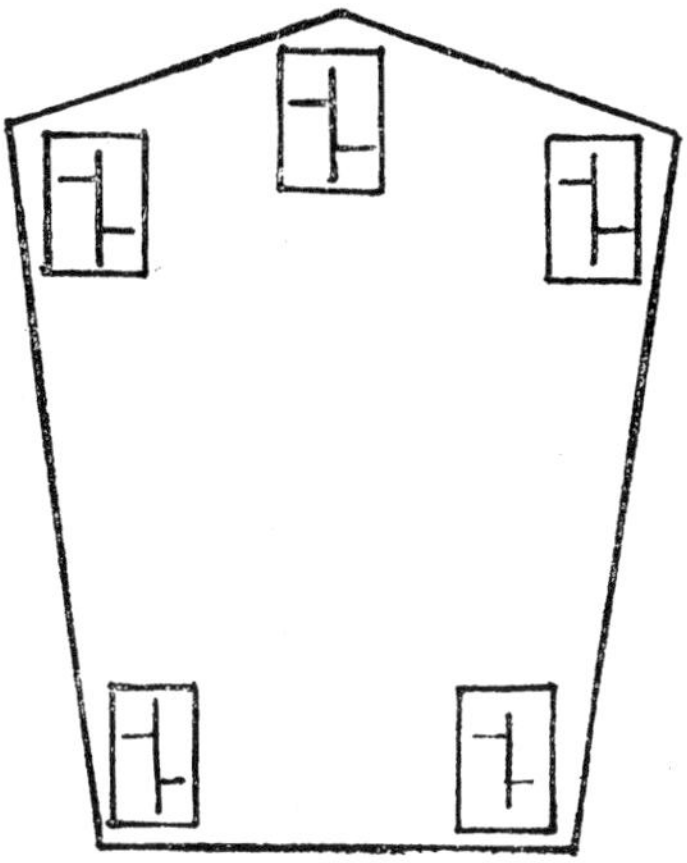

龜ノ五ケ所ニ町ヲ刻スルモノ

例三、

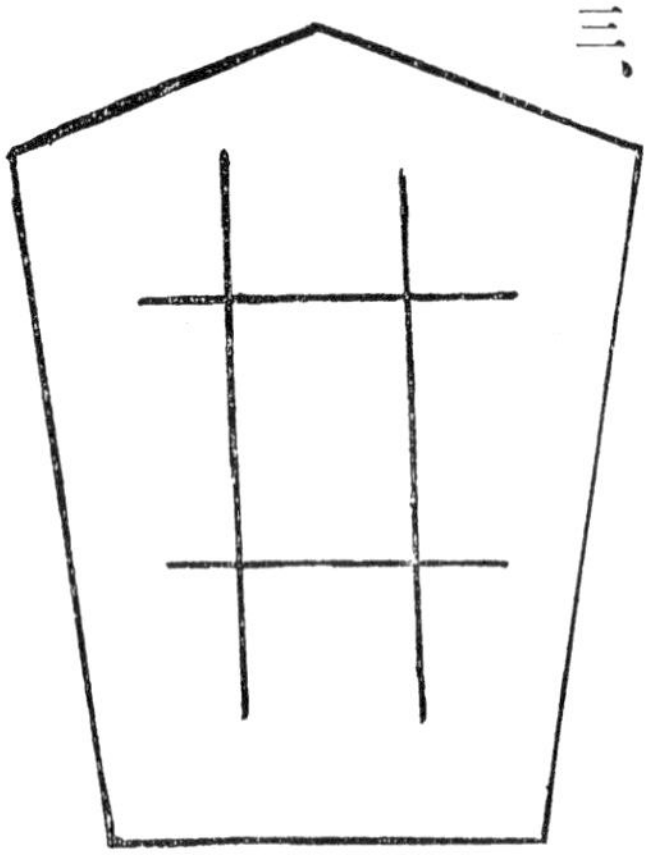

縱橫ニ町筋ヲ刻ムモノ（八丈傳）

例四、

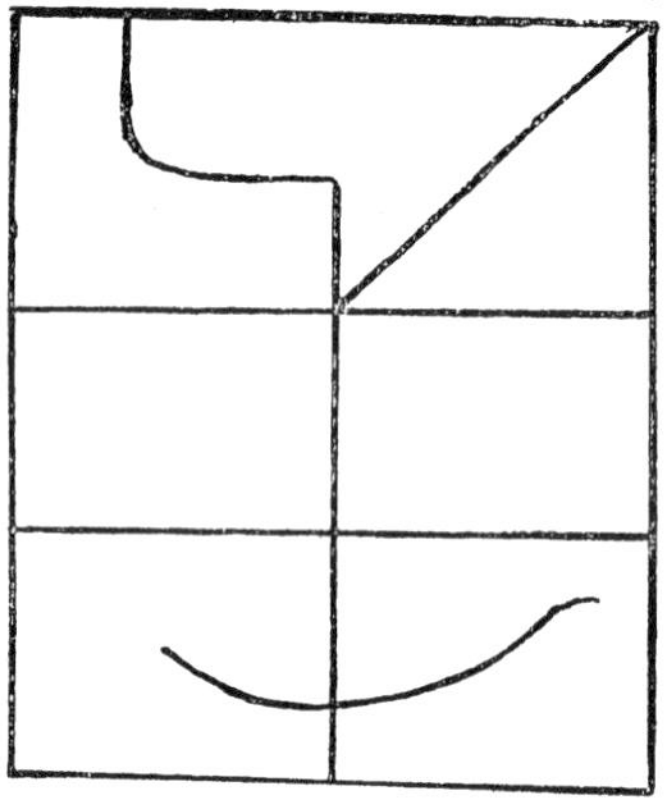

占ス文ヲ以テ刻ムモノ（白濱緣起）

例五、

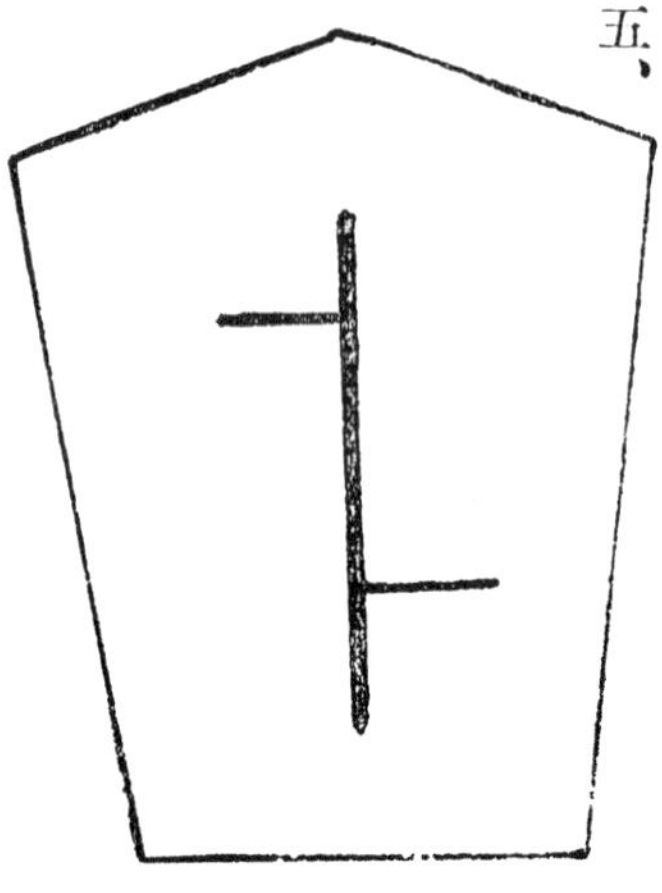

如此彫リ掘ツテ甲ノ厚サ半分ヲ過シテ掘リ刻ムモノ（彌彥傳）

例六、

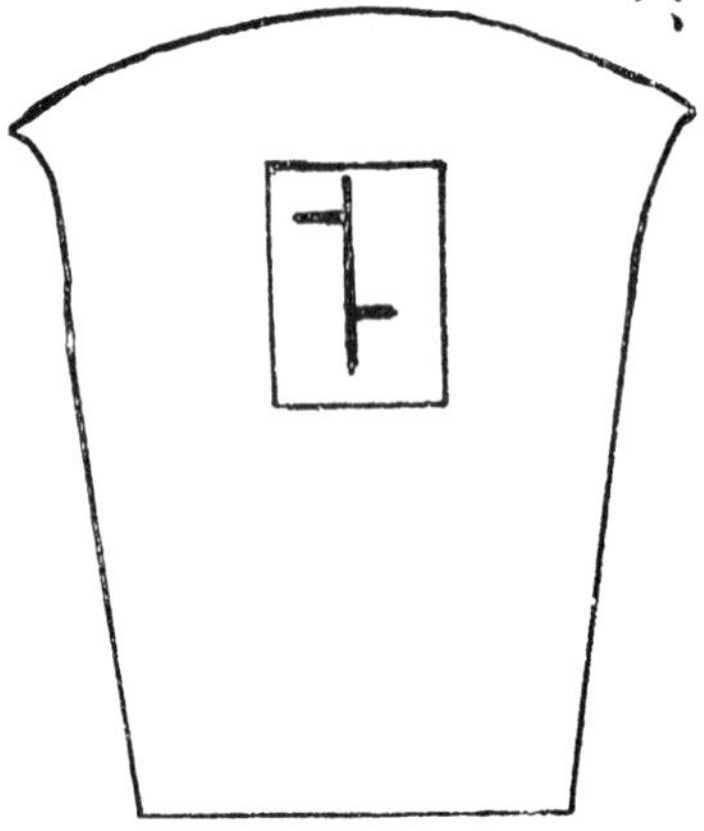

甲ノ中ニ朱ヲ以テト事ヲ書キ、甲ノ裏ニ上圖ノ如ク掘リテ町ヲ刻ムモノ

# 第三章　卜行事次第

## 一　卜神事の行事作法

先づ、土間に圓座を設け、自ら其圓座に坐し、卜具を入れた柳筥を土間の座の脇に置き蓋を開いて脇に立て、先づ東向に壇を設けて其壇の中央に甲をホの方を先にして安置する。

次に、兆竹を龜甲の裏に當て、甲鑿刀と波々迦木と墨とを龜甲の表に當て、龜甲の表を上にして左右の手を以て捧げて再拜、

次に、神降の式を行ふ。（第三編ニ詳記）

次に、兆竹を左の手に持ち龜甲を右の手に持ちて、龜甲の頭に水を付けて、兆竹の上中下の三處に三度水を滌ぎ、兆竹を土に刺立てゝ置く。又は壇の前に置く。

次に、波々迦木に豫て燧り置ける火爐の火を移し、龜甲の町筋に指す。

先づトの方よりホの方へ指し運ぶこと三度、カミの方に内より外へ指し運ぶこと三度、ヱミの

方に內より外へ指し運ぶこと三度、右幾度にても甲の破れ響くまで指し續ける。時に依つて、ト・ホの一筋にて甲破れる事あり、其時はカミ・ヱミに火を指すに及ばず直ちに判定とす。

卜問ふ際、兆竹を前に立て置き、波々迦に火を付け掘町に三度引上げ、次にホになりとも横になりとも火を當て坼を見るのである。火の指し樣は波々迦木を一本火の中へ差込み、火の燃え付くを吹消して甲の裏の掘町の處、又は豫て朱にて書きある町形に、我が手前からフッと吹いて燒く。左右も同樣である。但し「八丈傳」には、穴の內に町形を書き、櫻木を以て之を灼いて卜する。而してこの間は神語を唱へて專ら祈念を凝らす等色々方法がある。

次に、龜甲の表の割目に墨を施し、兆を見て吉凶を卜するのである。兆の吉凶は占辭に依つて之を定むることと占者の意である。次章の龜相と占辭とを照考すれば明白である。

次に、卜畢つて初の如く兆竹を龜甲の裏に當て、甲鑿刀と波々迦木と墨とを龜甲の表に當て再拜

次に、昇神の式を行ふ。

次に、兆竹につきたる水を、手を以て三度本の方から末の方へ拭ひとる。

次に、卜具を柳筥に納めて全く卜を畢る。

以上簡易に其行事作法を各傳書を折衷して說いたのであるが、更に各傳の口授傳法によつて種々

異る方式が傳へられて居る。

其一例を示せば、（萩原傳）

神壇に幣串を用ゐて龜卜神事を行ふの法である（幣は第三篇に在り）。先づ左圖に示すが如く幣串二十四本を以て之れを神壇に安置す。幣は上幣　三尺一寸八本、中幣　二尺五寸八本、下幣　一尺八寸八本を東面神壇の案上に三段八所に併列し神座とす。別に、一幣二尺二寸を太詔戸命の幣として神壇下の前正面に立て、一幣二尺二寸を中臣祓幣として占者の脇の左に棚を設けて舗設する。

獻饌・香燭臺及び花筒等に燈燭を點じ、生華を供す。

先づ、捧二幣串一誦二中臣祓一一返、壇場を祓ひ清む。

次に、讀二祭文一畢つて再拜（祭文は次章に在り）。

次に、龜甲・兆竹・波々迦木を手に持ち咒して曰く、

現レ天神光、鎮レ地神靈、總日本國中諸神降二臨此座一、全吾咎無志、神乃敎閉乃如久願主名某、事善仁毛惡爾毛尊神乃御計多良牟

次に、甲を前に置き波々迦を火爐に燒く。

次に、佐麻志竹一枚を取つて次の詞を奏す。

上一寸は太元不測の神
中一寸は大小諸神
下一寸は一切靈神　皆來成就

次に、佐麻志竹を左の手に持ち、右の指二つ置いて折りかけ三段にし、龜甲に土器の水を掬ひて佐麻志竹の三折の箇所に水を滌ぐ。

次に、太詔戸神の幣を筒に納む。

次に、波々迦木に火を點じて町を灼き左の詞を奏す。

敵强久者神伊幾志加禮、敵弱久者神和志加禮、自方强久者江美伊幾志加禮、自方弱久者江美奈胡志加禮と申す（以下次第前に同じ）

其他卜法の異なるものあれど何れも大同小異である。次章の龜相と占辭の條に各其行事を示してあるから參照されたい。又此龜卜行事作法に就ては、今實際に行ふ式として第三篇の龜甲代卜法行事作法の條に於て詳細に式次第を盡くしてある。左に龜卜祭文例と龜卜祭場舖設圖を示してあるから、これに依つて略了得されることと思ふ。

# 二、亀卜祭文

## 龜卜諸傳に傳はれる祭文例一

高天原仁神留座須皇親神魯岐・神魯美命乃荒振神乎掃平介石木草葉斷ニ其語一詔ニ群神一、吾皇御孫命乎者豐葦原水穗國乎平介久知食止天降奉レ寄之時、誰神 皇御孫命乃朝御食夕之御食長之御食遠御食乎聞食可ニ仕奉一登神問賜之時、住ニ天香山一白眞名鹿吾將仕奉、我肩骨乎内拔仁拔出且火ニ成卜一以問レ之、問給之時已致ニ火僞一、太詔戸命進啓曰、眞名鹿者可レ知ニ上國之事一、何知ニ地下之事一、吾者能知ニ上國地下天神地祇一、況復人情悒哉、吾八十骨乾ニ曝日一以レ斧拆ニ天之千別爾千別一、甲上甲尻乎眞澄鏡爾取作之、以ニ天刀一掘レ町刺ニ掃之一採ニ天香山之布毛里木一造ニ火燧一、揩ニ出天香火一、吹ニ著天母鹿木一取ニ天香山之無節竹一拆ニ立卜串一問レ之、曳レ土者下津國乃八重麻傳將爾聞加麻之、曳レ天者高天原八重將聞、通ニ灼神方一者衆神之中天神地祇將聞、正爾青山成レ枯、枯山成レ青、青河成ニ白川一白川成ニ青川一、國者限ニ退立一天雲者限ニ壁立一青雲者限ニ棚曳一白雲者限ニ向伏一、日正縱、月正橫將開通焉、陸道者限ニ馬蹄之所レ詣海路者限ニ船艫之所レ泊焉、灼ニ人方一者衆人心中欝悒之事開正將レ知、故如ニ國之廣矛立高天一無レ所レ隱愼而莫レ怠矣。

卜座舗設　其一

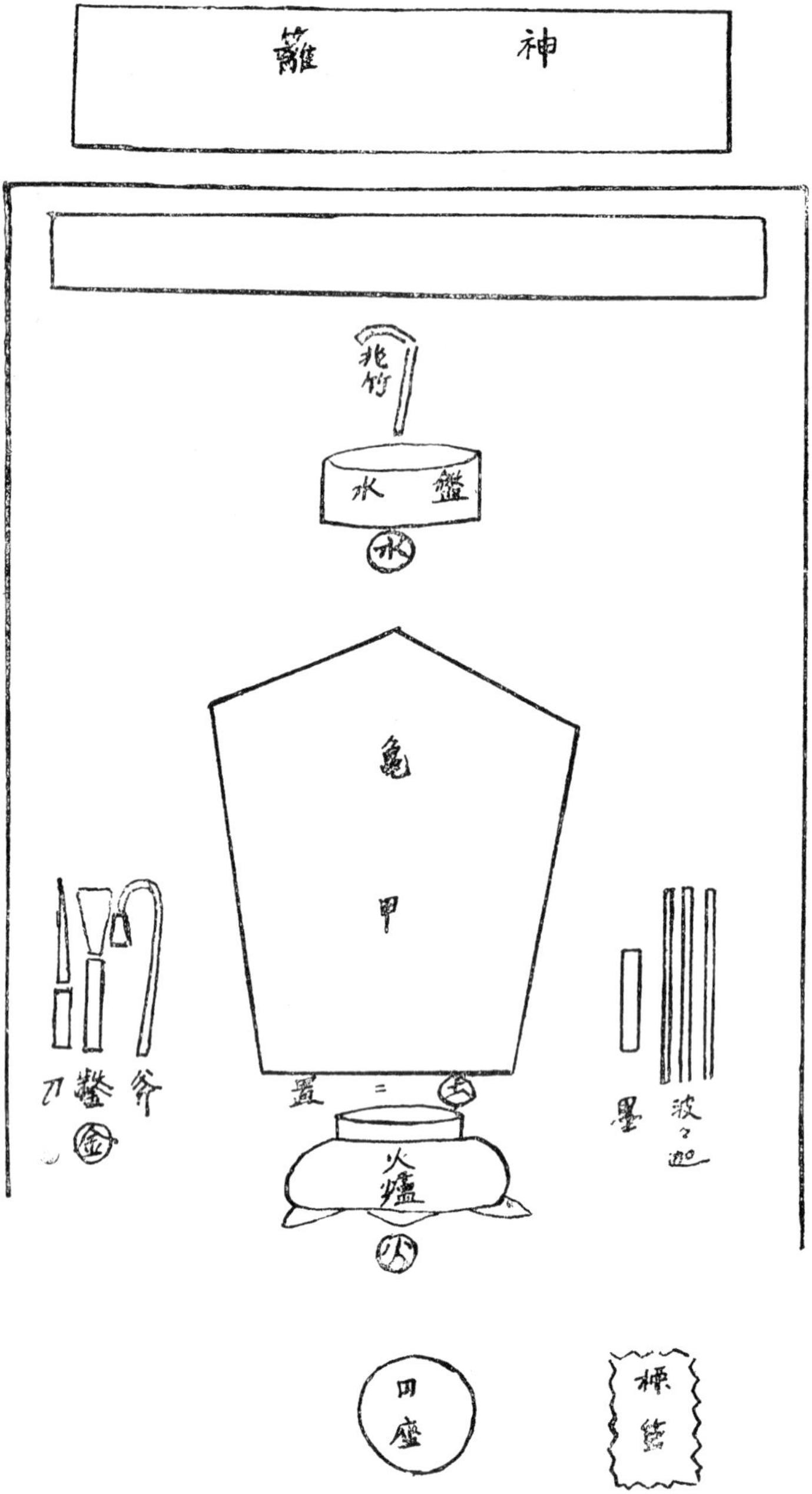

# 卜座舗設　其二

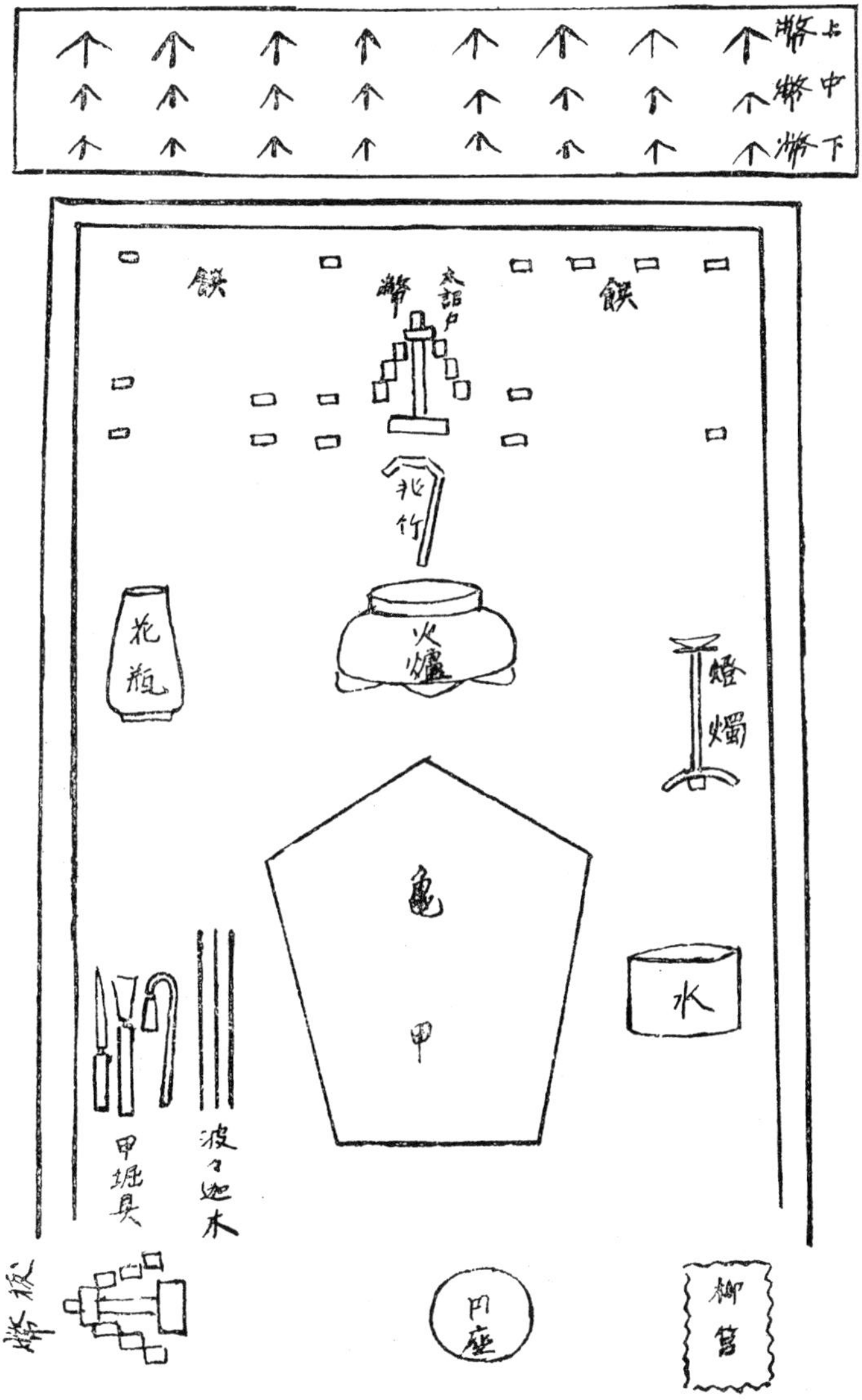

# 第四章 太占の神

天神が高天原に於ける布止麻爾の御神事は申すも畏し、伊邪那岐・伊邪那美二柱の神の靈物生々の行爲から始まつて、高御產靈神が太麻爾に乞ひ給うた神は、元より太極に坐す天御中主神である。天磐戸の大事變に際し、思兼神が行ひ給うた太占は、鹿骨を用ゐた卜事の始めであつて、それが別天神の御心を卜問ひ奉つた事は論ずる迄もない。由來神祇の宗源たる天兒屋根命が之の神事を掌つて別天神の神意は元より、神漏岐・神漏美たる高皇產靈神・天照皇大神の御示教によつて神祭を行つて來たことは、神典に依つて明かである。其後、天孫降臨を經て國土の御統治は始まり、日向御三代の御事歷から神武天皇の御親征に至る迄、或は高倉下の布都御魂の靈威、八咫烏の敎導、金鵄の瑞祥等、大小の神示表現は悉く天神の示現に依らざるはないのである。かくて神功・崇神の御代に至つては漸く神と人と物との境界に懸隔の感じを生ずるやうになり、卽て三種神器を別殿奉安となし奉つた事や、神の表顯は直ちに人の目に映じないで特別の大事に際し事に觸れ物に憑つて顯はれ給うたり、卜問ふ事に依つて示さるゝ事となつた。これ我が神國の神祇表顯の上に一大懸隔を生じた譯であつて、この關係は卽て惟神の大道となり、國民は神を崇めて神祭の誠を致し、祖先を祭祀して我が民族の萬世不變の果を結んで居る。これ人界發達推移の當然の理である。恰も崇神天皇の今當二朕世一數有二災害一とて、御親祭を神淺茅原で遊ばして大物主神の御心を卜問ひ給へるが如き、又龍田風神を祭祀して五穀の災害を神問はし給へる如き「垂仁紀」に中臣連深湯主をして卜問はして大倭神社の御創建となつた如き、又同紀に兵器の弓矢横刀を以て神幣を獻らしめ給へる如き、悉く皆太古の太麻邇の神事に依つて天神の御心を卜問はれたものである。殊に天御中主神を奉齋せるものに播磨國天一神玉神社、伊勢國天一鍬神社あり、備前國高星明神社・紀伊國星帝神社の如き北極星を祭れる遺跡であつて、元より此等神社の創建は後世の事であるが、天御中主神として祭つた由緒が全く故なきに非ざるを思ふのである。何れにしても造化三神を仰ぎ、別天神として天常立神に及ぶ迄の五神の靈威を全く別の天界に感じて居つたことは、この太麻爾の目標神としては主要なる點であつて、天御中主神を明理本源の神と仰ぎ、高御産靈神を萬物化生の神とし、神御産靈神を生物魂成の神とし、可美志葦加備比古遲神・天常立神を神爲樹立の起原神として奉齋したる所以、又實に深いものがあるのである。

由來太麻爾の神としては專ら卜庭神、天太詔戸命を本體として齋き奉つて居るから恰も太占の神を此兩神に限る如く思はれて居るのであるが、こは卜部氏が龜卜を行ふ主祭の神であつて、根本の神は飽く迄、別天神たる五柱の神を主體とし、次で廣く天津神・國津神・卜庭神と稱して、卜占の神として奉齋する事が順當である。又「元文傳」に日本國中大小神祇とあるのも、太元不測神一切靈神とあるのも延暦太神宮儀式帳にある琴占の神事の歌に、朝倉に招齋する、天津神・國津神・鳴雷神も又上津大江・下津大江の神も皆廣く卜への神である。

又「宮主祕事口傳書」に、宮中八神殿に祭る神及び太詔戸神と記せるは、同じ對馬卜部家の傳へとしては異つたもので、中世宮中八神殿の神を易卦八に對照して神易を行ふことも表れて來たものである。又對馬卜部氏が龜卜の神として雷神を祭るのは、卽ち神功皇后御親祭の際、中臣烏賊津使主を審神者として神事を行はれた事に始まり、龜卜を傳へ給ふ祖神としての奉齋である。

雷神とは對馬國下縣郡豆酘郡豆酘に鎭座し給ふ雷神社の祭神の事で、卽ち中臣烏賊津使主である。同神に就ては別に考證の餘地は充分あると思ふが、其由緒に、三韓征伐の時從ひ歸りて對馬國下縣郡佐須鄕阿連村に留まりて龜卜術の法を遺し給うたとあるので、恐らくこれが支那の龜卜の傳へ始まりであらう。沙庭神と云ふのは卜庭神と同神の傳へである事は疑ひはない。又卜庭神と太詔戸神と同一神にして居る事は、中世後宮中に於て奉齋せられた事が起因するものと考へられる。太詔戸神は元より中臣の遠つ祖たる天兒屋根命の本體であらせられる筈である。「神名式」に左京二條坐神二座、太詔戸命・久慈眞知神の二座を卜庭神と申し、又二座を合せて太詔戸神とも云ふなど混同して居る點もあるらしい。又對馬國上縣郡太詔詞神社、下縣郡府斗能理刀神社共に卜庭神に坐すとあるが、元より其御祭神は天兒屋根命であらねばならぬ。又由來卜庭神と仰ぐ雷神に就ては頗る複雜であつて、「姓氏錄」に中臣栗原連は天兒屋根命第十一世孫雷大臣の後也とあつて、雷大臣の後に中臣志斐連、壹岐直・神奴連・生田首・村山連・津島連・津島直・三間名公等外數氏があつて、今の對馬卜部は勿論其末裔である。又常陸鹿島の中臣卜部も雷大臣兄弟の中から出たもので後二氏に別れて、中臣の鹿島連と改稱せりと云はれて居る通り、皆中臣氏の一族である。而して同じ卜部が行ふ龜卜の法にも、伊豆卜部の如き、又鹿島神宮に遺れる卜法の如き各其法を異にし、殊に彌彥傳の如きは彌彥の神を本體として居る。伊豆白濱の龜卜も其祭祀の神は白濱神と占の神と御子神とを齋ひ奉るとあつて、重に白濱伊古奈比咩神を祭つて居るのである。又鹿島神宮の葉若の神事には鹿島明神を本體とし、彌彥では伊夜日子神を祭れるは無論の事である。又上野國一宮の貫前大明神の鹿卜の神事も皆其起因する處は古いもので、何れも純粹の鹿卜の一である。これを究明して見ると確かに鹿卜の遺傳による龜卜風と、支那傳來に依る龜卜風とに歷然たる別があつて、各所の卜部が奉仕して居る樣に思考せられる、將來の龜卜の研究上尤も意義のある事と思ふ。

# 第五章　龜相と占辭

龜甲の火坼を龜相といひ、町形から龜相を判ずる兆を占辭といふ。故に判兆を卜定する方法は、町形を本意とする。而して其町形の五點を吐・普・加美・依身・多咩とし、五點の神語の活動の變化によるものを龜卜の普通行事とし、卜事を豫じめ朱書して其火坼の食によつて判兆を定むる特種のものとの二つがある。

特種のものとは大嘗祭の國郡卜定を始め、特に大事に當つて其事を卜定するに用ふるので、其他は普通の法によつて行ふものである。其龜相には非常に多くの分類がある。

例を示して之を解說せば、

例一、

「龜卜口授秘訣」所載

（奥書）ニ對州醫師牟田榮庵口授、傳二玉木正英丈一也、正英傳二之於予一者也

享保元年八月　光海翁源良顯

町形に火坼を生ずる圖

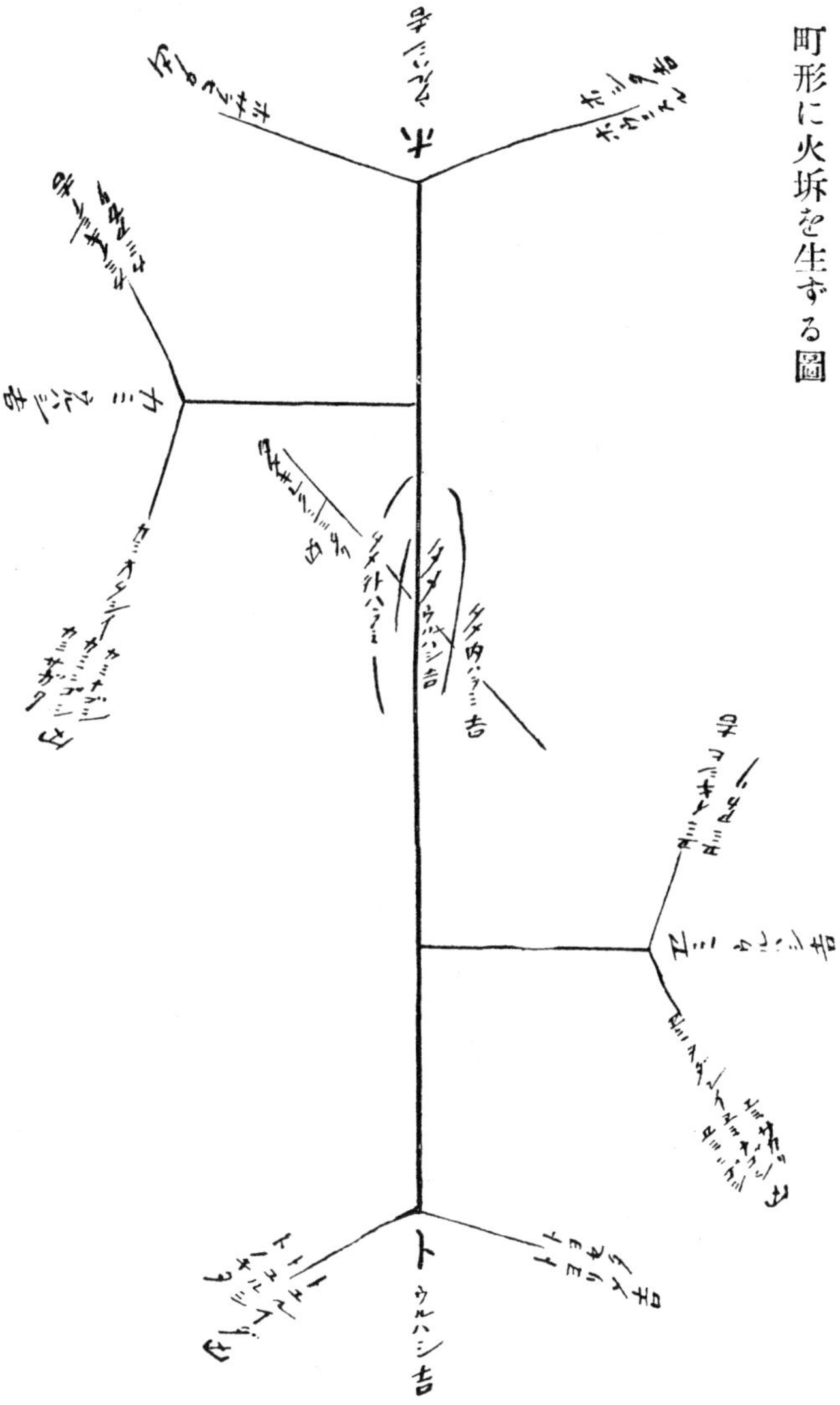

**吐**

- **ヨリメ**
  - 靜(せい)の意也、トは水、ヨは夜、リは認めメは芽內、
  - 意は陰中一氣內にして未だ動搖せざる皃也
- **ユルイタ**
  - 動の意也、ユは湯、ルは認め芽外也、イは氣淸む音、タは響、
  - 意は陰中の動氣將に發して到來するの皃也

**普**

- **シタ**
  - シはミと同音、タは止む音、
  - 意は陽中陰質、充實也又鎭白(しづめまをす)也、爆(はく)する意也
- **サラヒタ**
  - サは牙齒で意剛也、陽金也、ラは天音火也、ヒタは乾す也、
  - 意は得二己火倍燥他潤氣一也

**神**

- **オダシイ**
  - オダシ息の意也、
  - 神の隱(をだ)しい息の義にて陽、靜也
- **イキシイ**
  - イキシは嚴々しきの意也、シイは領掌(しる)也
  - 神の嚴しい息の義にて陽動也

**咲**

- **オダシイ**
  - オダシは隱(をだ)しの意
  - 心の隱しい義にて陽靜也
- **イキシイ**
  - イキシイは嚴しの意
  - 心の嚴しく武々しい義にて陽動也

**爲**

- **內**　陰靜、質事死遲の意
- **外**　陽動し氣物生速の意

右は龜甲の町の割目によって五語の神語から判兆するもので、更に五語の活動によって左の配比を考合して總ての事柄を判斷するのである。

| | | | | | | | | |
|---|---|---|---|---|---|---|---|---|
| **吐** | 北 | 地 | 水 | 玉 | 陰 | 住處 | | 女 |
| **普** | 南 | 天 | 火 | 矛 | 陽 | 頭 | 行先 | 男 |
| **神** | 東 | 神 | 木 | 鏡 | 枝 | 人の心 | 他の方 | |
| **咲** | 西 | 人 | 金 | | | 我心 | | |
| **爲** | 中央 | 心 | 土 | | | 胴 | | |

例二、

龜卜傳亦龜卜相傳秘事（元祿辛巳五月吉日卜部兼魚）

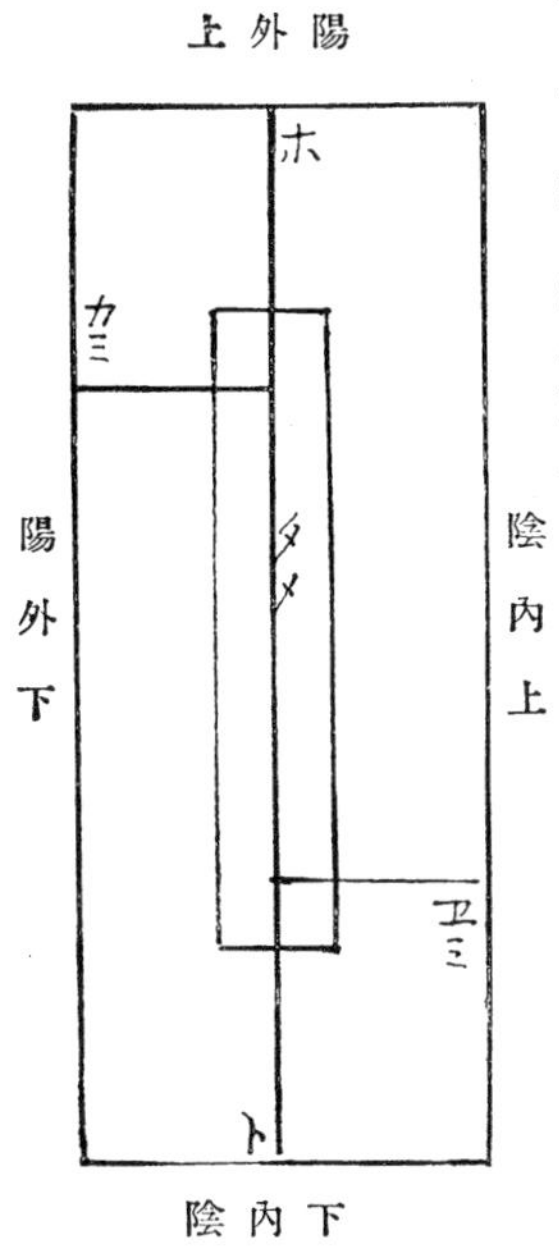


吐 北、地、水、
普 南、天、火、
神 東、陽、木、男、
咲 西、陰、金、女、
爲 央、人、土、

例三、

萩原家龜卜傳

奧書に右以二卜部家累代之秘本書一寫レ之、是雖レ爲三唯受二一人之分業一、自二兼從卿一受レ之畢、秘中秘、秘勿レ許二外見一、愼而莫レ怠矣

寛永十七年正月　　伊澤左馬助信相在判

左の如き卦を六十四の火坼に分ち易の辭を和らげて占ふべしとあり、

此法は龜甲の裏に町を掘り表の割目（點線）と共に合せて之を卦として判定するのである

穗

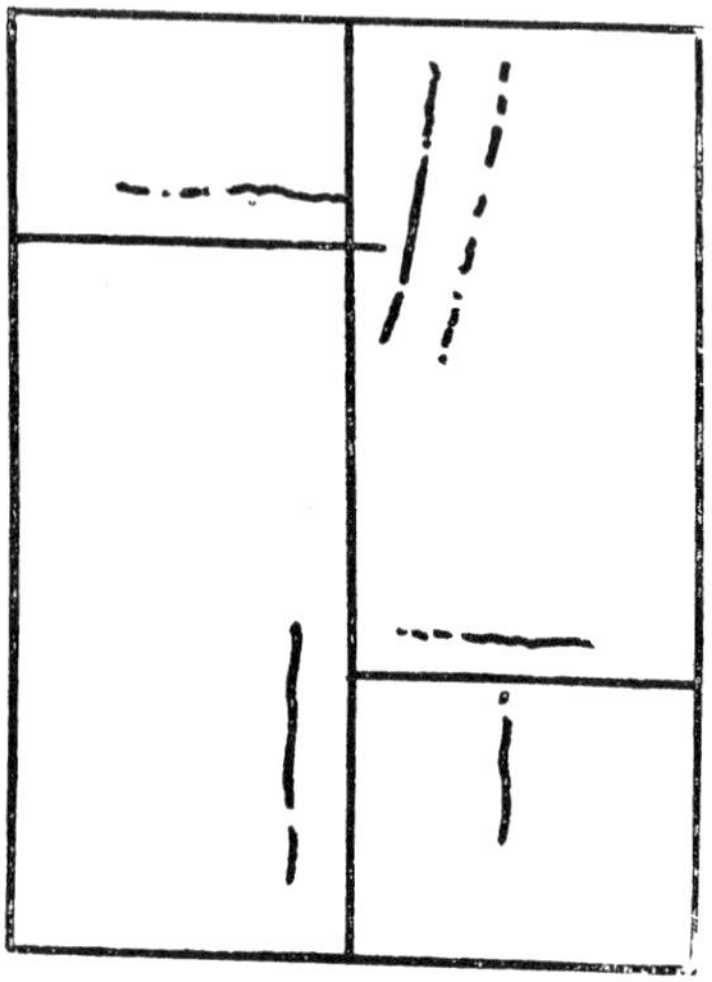

長ヲ陰トシ短ヲ陽トス
左リ短ヲ陽、中ノ陽
左リ長ヲ陽中ノ陰、
右ノ短ヲ陰中ノ陽右
ノ長ヲ陰中ノ陰

即ち斯く龜甲の裏の町と龜甲の表の火坼の食(はみ)を卦に見立てて占するので吐を初め燒き下より上へ三十八卦以下六十四卦を立てるのである。

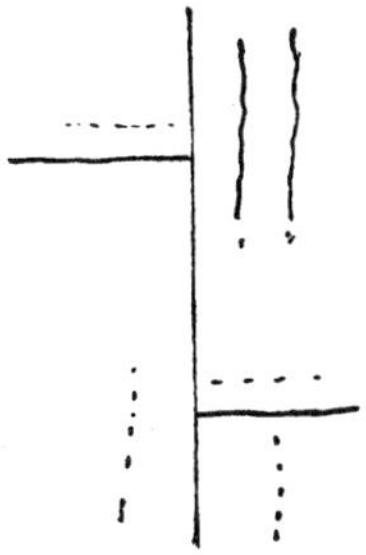

は總陰、柔極、天の普に二陰を付し、神に一陰を生じ、爲に外陰を、咲に陰性を生して吐に下るの象である。

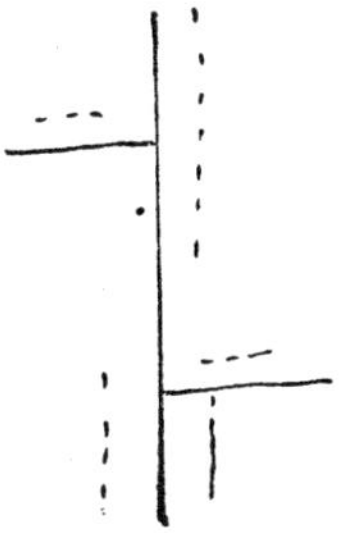

は陽中陰、普に陰を生して兌☱の如く一陰二陽の上にあり、小人下に在る者上に悅ふの象。

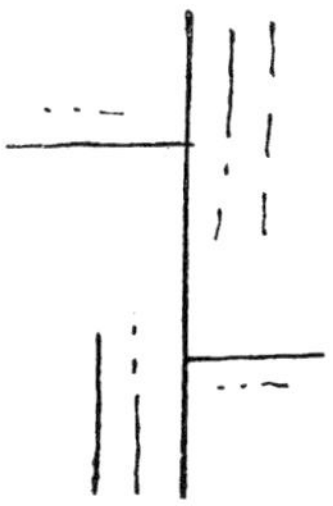

は陰中陽、神と咲に陰を生す、吐普たる天地は開けて神咲閉づる象。

例四、龜卜傳

表

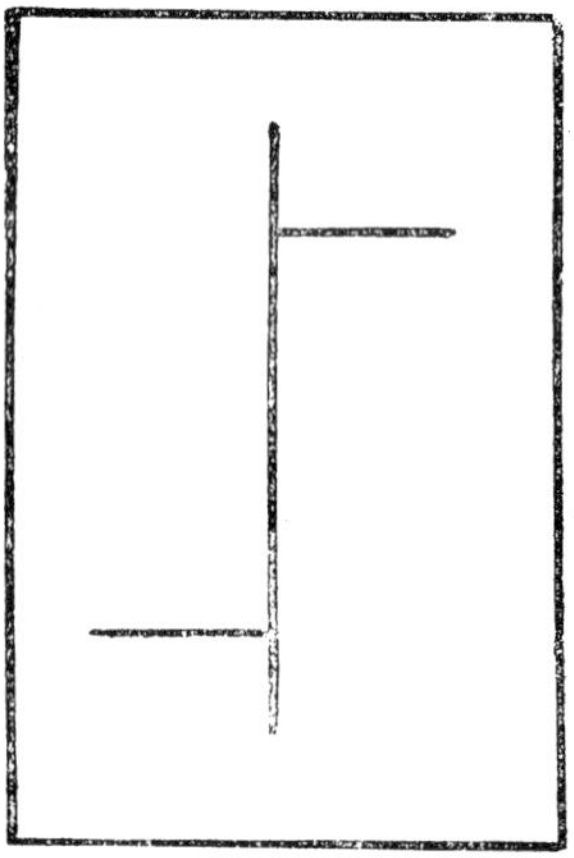

裏

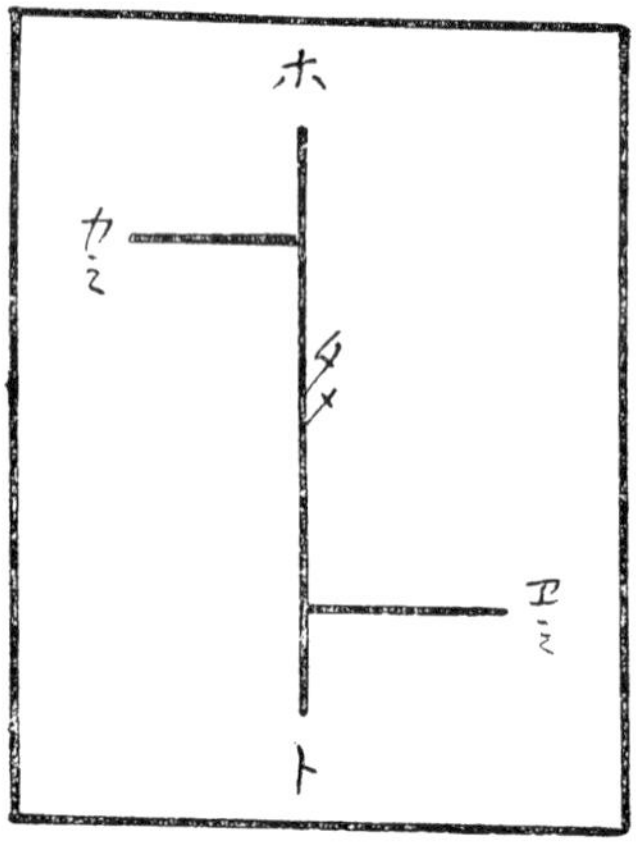


總丈三寸橫二寸

上一寸、太元不測神（たいげんふそくのかみ）

中一寸、大小諸神（だいせうのしよしん）

下一寸、一切靈神（いつさいのれいじん）

ホ、頭、行先、

タメ、胴體、

ト、住處、

カミ、他方、人の心

ヱミ、我が心

例五、

龜甲の裏、首、左手、右手、左足、右足、の五ヶ所に甲を掘りて町筋を焼き、表に左記の如く表はれたるを龜相として占ふのである。

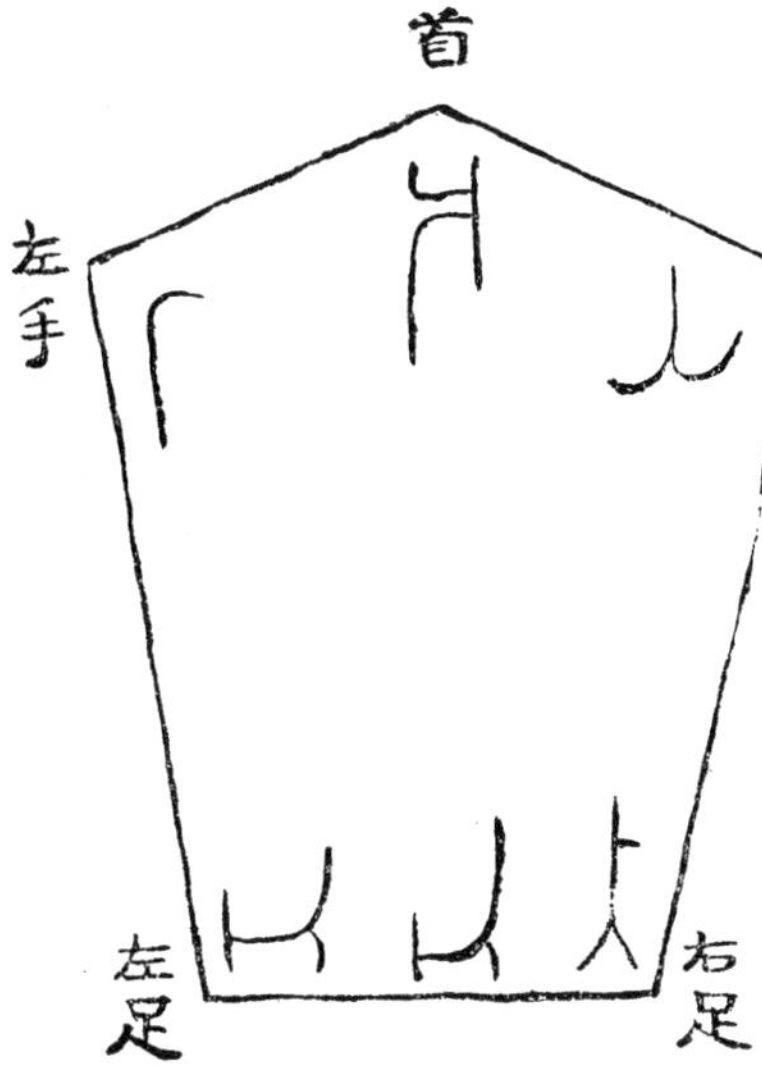


トの方ヨリ火を指してホに至リ
カミ、ヱミに及ぶ。
ト を北とし地とす
ホ を南とし天とす
カミを東とし陽とす
ヱミを西とし陰とす
タメを中とし中とす

例六、元文傳所載（對馬下縣郡豆酘村より出すもの）

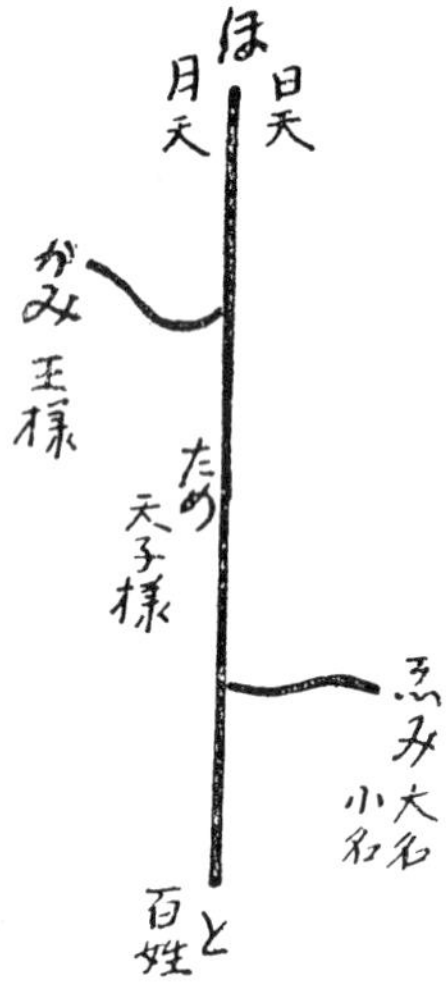


年始に當り天子、將軍から諸大名末々までの吉凶を占ひ平安を祈るのである。

例七、白濱緣起所載

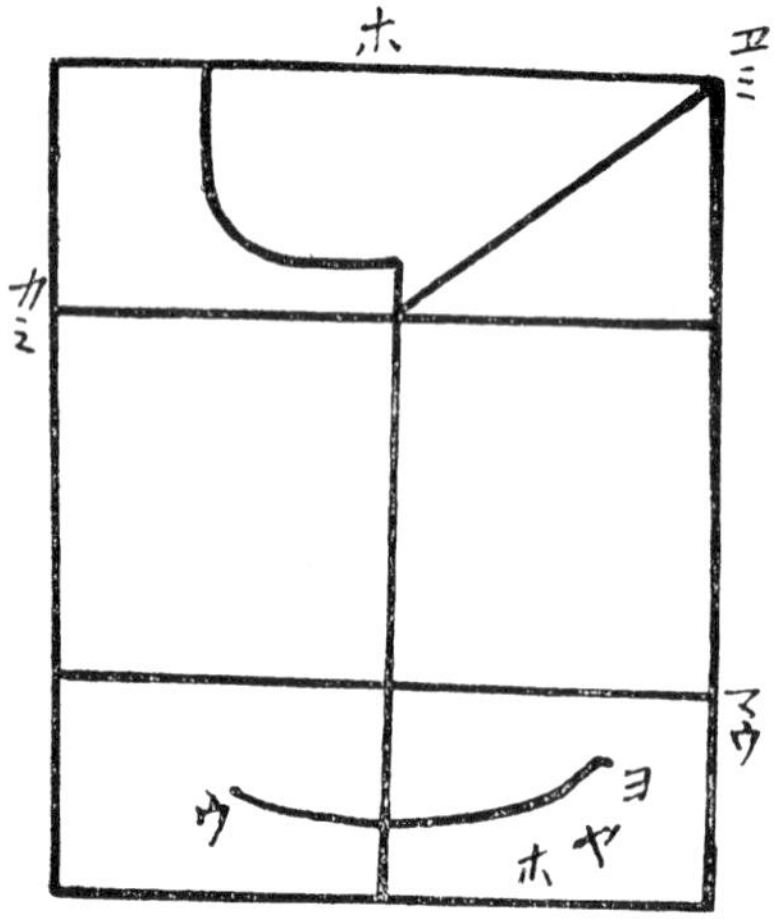


白濱の神に物問ひ奉る時は此の如く燒きて問ひ奉るのである。但し白濱伊豆卜法は雨ツミの龜の甲にて燒くので。アメツミと云ふは甲の中にある亦甲で、此を取つて占形の樣に作り、櫻の木の皮に火をつけて燒くのである。而して豫め占形を示す文を前齋して七夜の間釋するのである。

例八、

伊豆八丈卜法

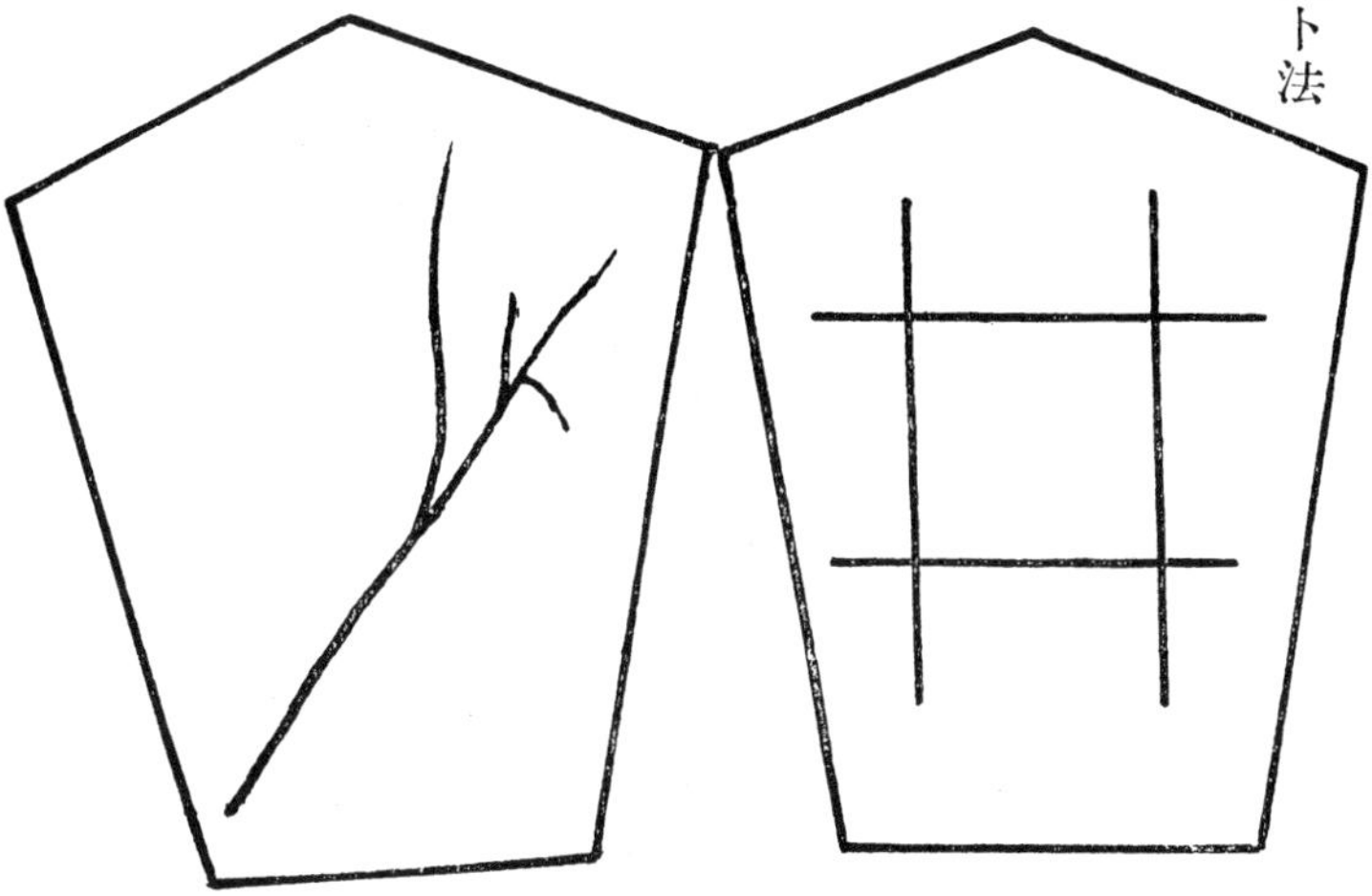

伊豆卜部が特に嚴しい別火をして行ふので、櫻の木の枝の東へさしたるを採つて、穴町に寛く入る程に削つて、甲を灼く木とし、この波々迦に火を燃して甲をば立置いて、波々迦を穴に差入れ、息にて吹煨せば、その火氣で穴の內に響が出來る。これにて卜兆を定めるので、吉凶は燒目の先の多いのは吉兆で、先の裂けないのは凶兆として居る。この外、時に應じ兆に從つて判定するのである。

例九、

彌彦龜卜法　越後國蒲原郡伊夜日子神社に傳はれるもので、同社に傳はる太占箱に龜甲壹枚を存し相傳へて上古の鹿卜が後世に龜甲に代へた時の卜法であるとて、神官職の高橋國彦が寫して文政三年に發表したと云ふので正卜考に所載されてある。

これは尤も龜卜としては古い傳へであると思はれる。余が先に論じたやうに對馬卜部の漢風混和の風とは違つて、我が國固有の鹿卜法を傳承せる最も優逸なものであつて、それに五行五兆を備へたのは中世以後に變化したものと思はれる。この彌彦卜法は伊豆卜部の卜法、鹿島神事の卜法、貫前神事の卜法と共に今日大切なる傳へである。

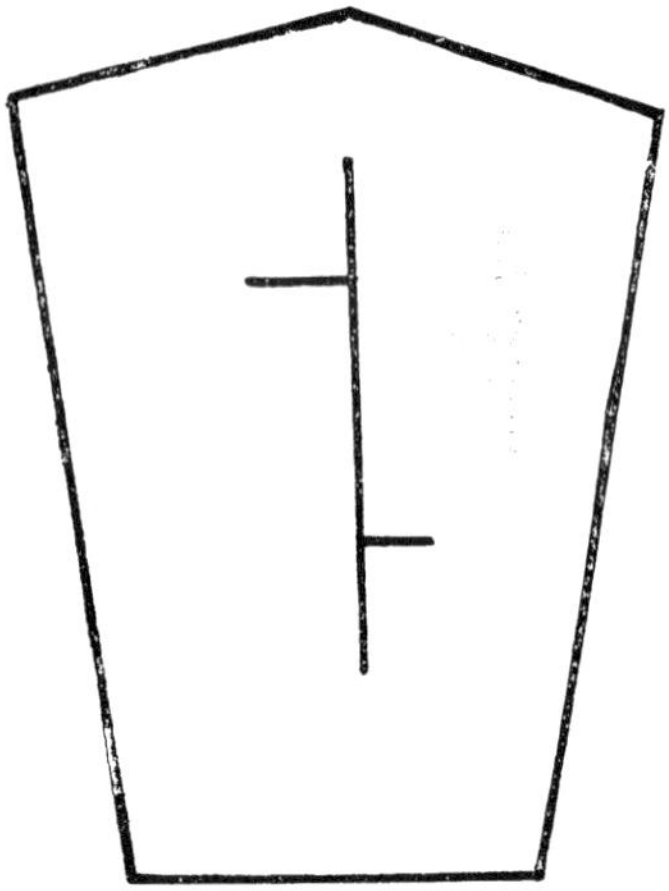

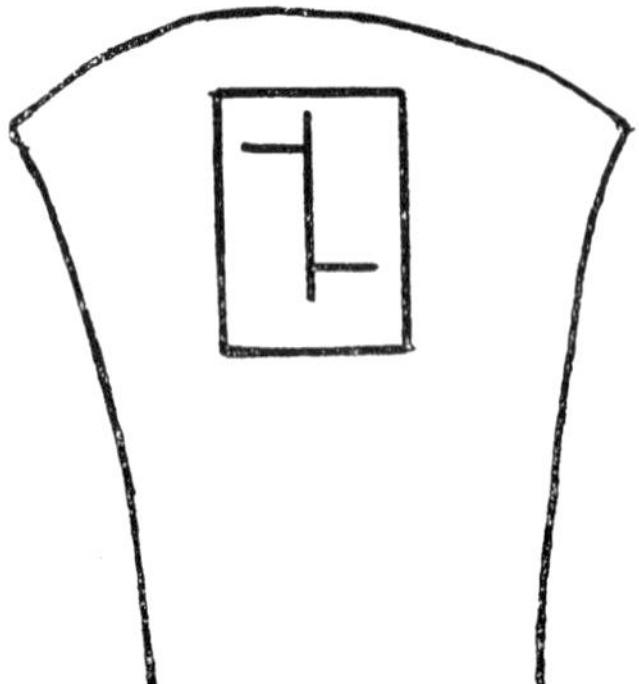

此傳によると龜甲と町形(まちかた)は前に町形の章にも引用してあるが、甲の内に朱を以て、豫め町方を書き、甲の裏に一劃を掘つて龜の厚さの半ば迄を過ぎて外から見えすく程度に掘つて用ふるのである。

而して占辭(せんじ)は對馬龜卜の式とト、ホ、の地點が逆でホが上でトが下になつて居る。

| | | | | | | |
|---|---|---|---|---|---|---|
| ト | 水 | 天 | 東 | 青 | 春 | 天地國土山海江河 |
| ホ | 火 | 地 | 南 | 赤 | 夏 | 天神地祇神明諸神 |
| カミ | 木 | 神 | 北 | 黒 | 冬 | 蒼生我身 |
| ヱミ | 金 | 人 | 西 | 白 | 秋 | |
| タメ | 土 | 心 | 中央 | 黄 | 土用 | |

(天地のホを竪にして左は諸神のカミ、右は蒼生のヱミ)

次に火の當て様は一のホより二のカミ、三のヱミに至り、次に一のホより下(さが)つて上の方へ當てる。其時の願文「吾願ひ吉(よ)き事(こと)あらばホウルハシウ、カミイキシウ、タヲラシク燒(やき)きれよ」「吾願ひ惡しき事あらばホもカミもヱミもクシウテ切れよ」と唱へることになつて居るのも變つて居る。

ホもトと云ふ。天地國土の事でホウルハシウとは直正に毛を引きたる如うに燒切れるのである。

ヱミタオラシウとは、少しも障りなくスクヤかに燒き切れるのを云ふ　蒼生我身の事である。

カミイキシウとは、尖高々と切れのぼりヒヅミなくワキに燒切れも無いのを云ふ。神明諸神の事である。

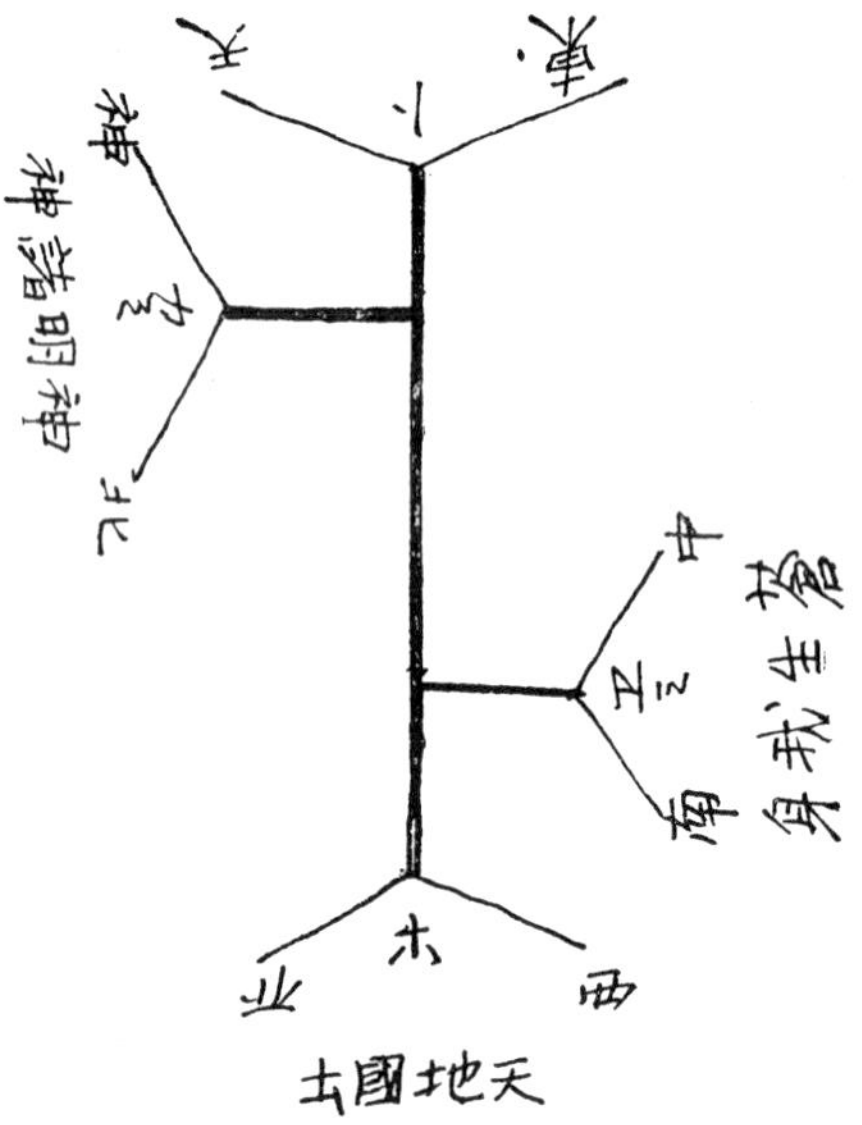

次に其行事には。先づ天津神・國津神・天思兼神を祭つて、案上に幣帛・御饌・造酒・白米一盛一升 鹽一盛一升 水鉢一 藁五筋、の四種を占甲に火を充てゝ蒸して後、米鹽各一勺宛を水鉢に和して甲を摩れば、燒切よく見え分るなりと云うてある。而して佐麻志竹五本を水の上に幷べ甲を摩して後、此竹に懸け置く。此外占具としては料紙・硯箱・火爐一渡り尺餘、土か金で造る、波々迦木占甲を燒き蒸す具を太占箱に入れて鋪設する。

右によつて考へると彌彦卜法は、龜甲へ火を指して灼く前に龜甲を蒸し燒いて町形の卜兆を定めたことも窺はれる。又龜甲は年老のものを吉とし、山川海に晒すこと三ヶ日であるといひ、裏表共に能く磨きあげて豫め神前に供へ置くのである。以上で彌彦卜法の大體が察せられる。

# 第六章　龜相占辭の解說

龜甲の火坼(やけめ)を龜相といひ占辭(せんじ)は神語(しんご)配列(はいれつ)の活動によりて定むるを本體とし、各神語(しんご)か龜相の火坼(やけめ)によつて各種に占辭(せんじ)を生ずるので、清原宣賢の神代巻抄にも、凡(およ)一萬五千三百餘の神代文字はこの龜卜から起るのであるとさへ云うて居る。其多種多用なる變化は非常である今神語の配列を示せば

| 神語 | 配神 | 龜卜必具五行五兆（江次第） | |
|---|---|---|---|
| 吐 ト | 天御中主神 | 水 灌レ之 | 地 ト |
| 普 ホ | 高御産靈神 | 火 灼レ之 | 天 ホク |
| 神 カミ | 神御産靈神 | 木 立レ之 | 神 カア |
| 咲 エミ | 可美彥遲神 | 金 懸二水器一 | 人 エア |
| 爲 タメ | 天常立神 | 土 撤レ之 | 物 タ女 |

更に此配列に方位季節を加ふると其活動が益々廣くなつて來る。
占辭の火坼の變化によつて兆の正變の別をなすことは大體左表のようである。

吐 ウルハシ
普 ウルハシ
加美 ヒキノマ、
依身 ヒキノマ、
多咩 マツタシ

兆ノ正

クシミ
ツキアガリ
ヤウシタ

兆ノ變

吐ノ變

ユルイダ
ヨリメ
キレタ
サク
ワレタ
ツイタ
シヒタ

加美ノ變

イキシイ
オダシイ
キレタ
ナカタエ

多咩ノ變

ウチトヲシタ
ホカトホシタ
キレタ
ヌキトヲシ
ツキタメ

普ノ變

サラビタ
ミタ
キレタ
サク
ワレタ
ツイタ
ウチメタ

依身ノ變

イキシイ
オダシイ
キレタ
ナカタエ

龜甲の燒切割目(やきぎれわれめ)は凡そ左圖の樣式によりて定まるのである。

燒切八ヶ圖

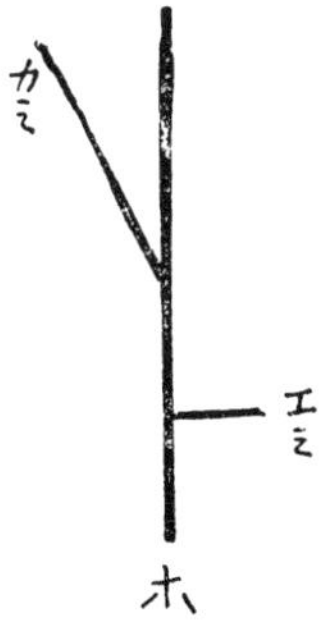


大吉

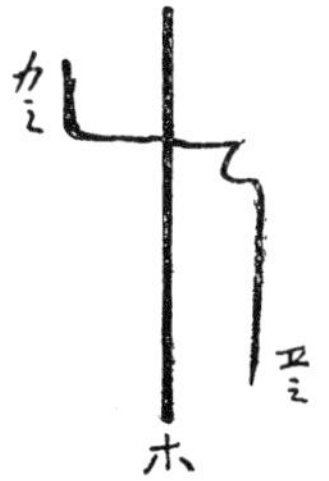


エミ、クシウテ我身ユハシ

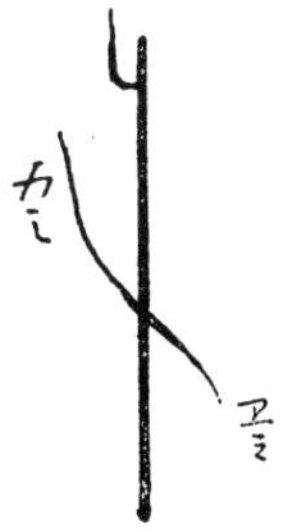


タメ、ヌキ通シエミ、折レホ、クシウテ凶

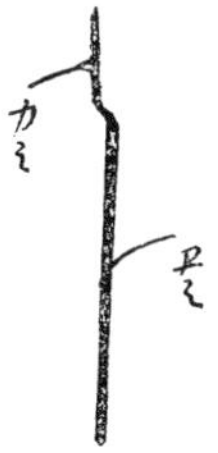


大吉エミ、サカリホ、クシウテカミ、ミジカシ

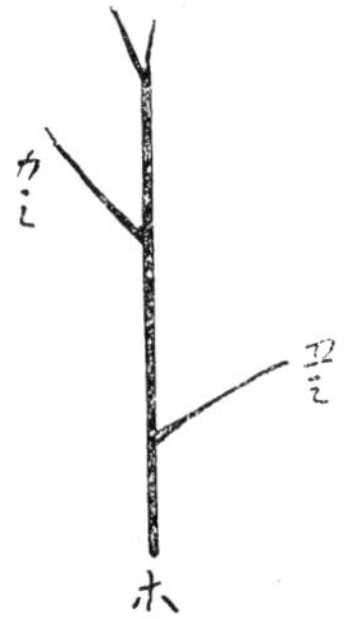


ホ、サキクシウテ外神ノ吉

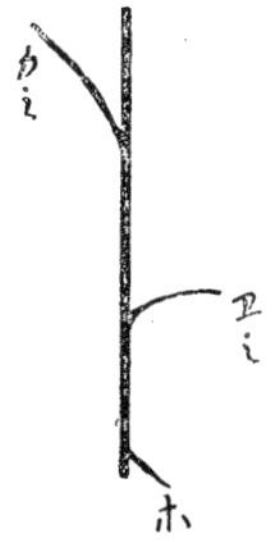


ホ、本クシウテ吉カミ、イキシウ吉

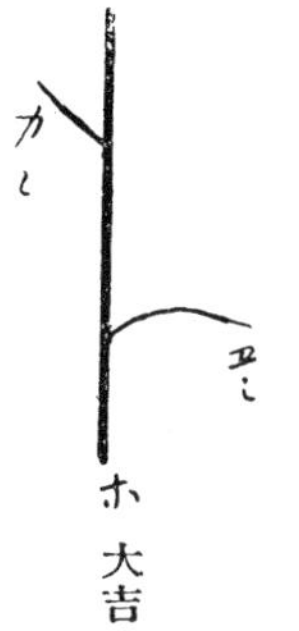


大吉

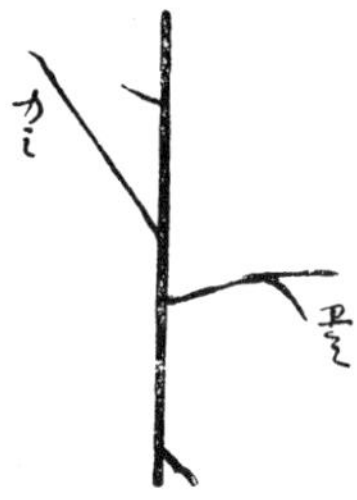


末吉カミ、イキシイ高キニ通ズ

エミ、引ノ
マ、
カミ、引ノ
マ、
タメ、マタ
メ

ホ、クシミ
タ吉
ト、ユルス
病癒

吐
尻ツキ

エミ、カ、
ヘ
ヱミ、イキ
ツク吉
カミ、カ、
ヘ
カミ、イキ
ツク

エミ、イキ
シイ
カミ、オタ
シイ

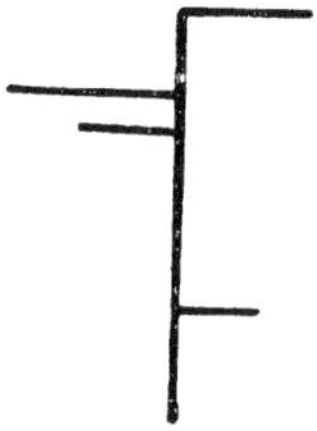

ト、折レタ
カミ、付モ
ノ

タメノヲシ
切
切占

タメ、ヌキ
通シ
ホ、ミジカ
イ
ト、サガル

タメ、ツキ
トヲシ
ホ、ナカシ
ト、ミヂカ
シ

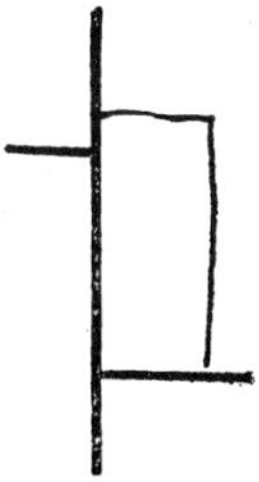

エミ、ヨリホ、ニツキモノ

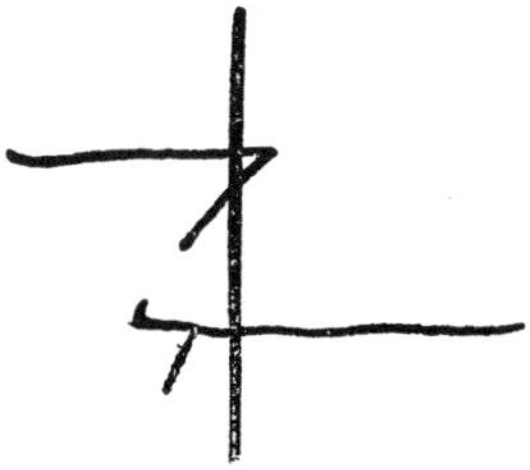

外タメツキモノ

カミ内ツキモノ

外タメ

ホ、サク

ホ、カメタ

内タメ

ト、サク

ト、シイタ

ホヽキレタ

ホヽナチモ
ノ
エミヽナチ
モノ
エミヽクシ
𪜈

カミヽ外ツ
キモノ

切占
速ナリ
リヤ
ウジタ

ホヽシタノ
ユルス

タメ
セバシ

エミヽ中タ
エ

ヌキ
添モノ

トヽノミチ
切ツタ

ト、サク

ト、ヨセル

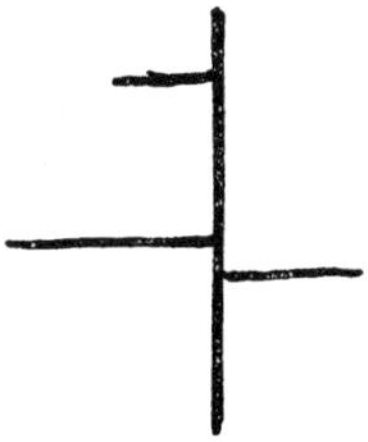

ヱミ、上ツキモノ
ヱミ、ミジカシ

タメ、廣シ

又龜相の判定は左の如き町の根本位によつて吉凶を定める法もある。

| | |
|---|---|
| 右我上ル吉 内 | |
| 上ル吉 | 他左下ル吉上ル凶 外 |

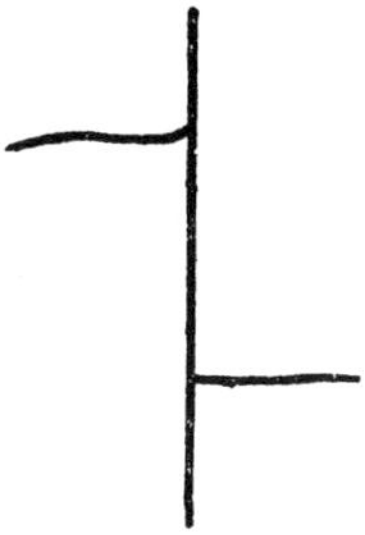

キレ占
速也

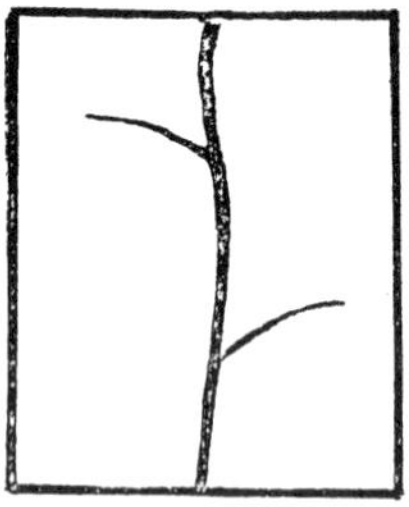

ホ、サラピタ

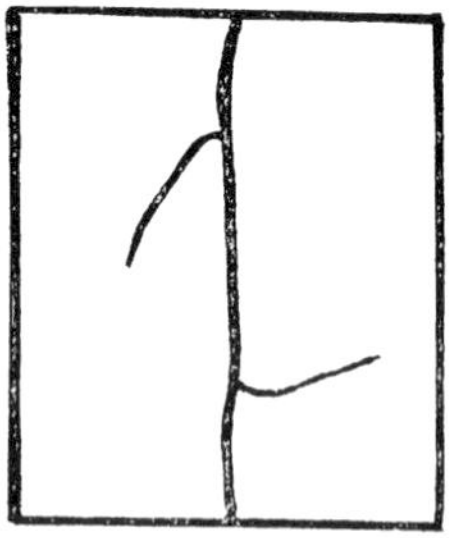

神サガリ

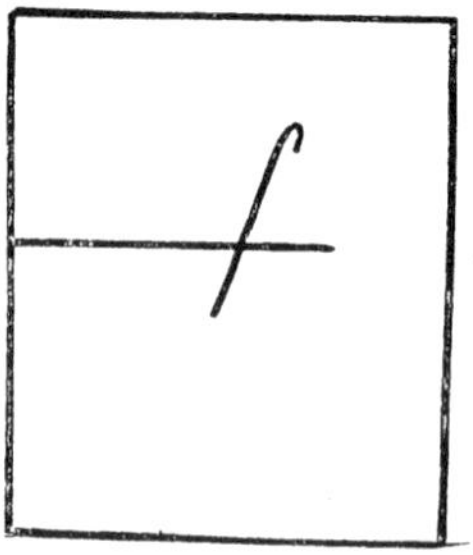

タメ、ヌキ通シ
ニテ凶惡

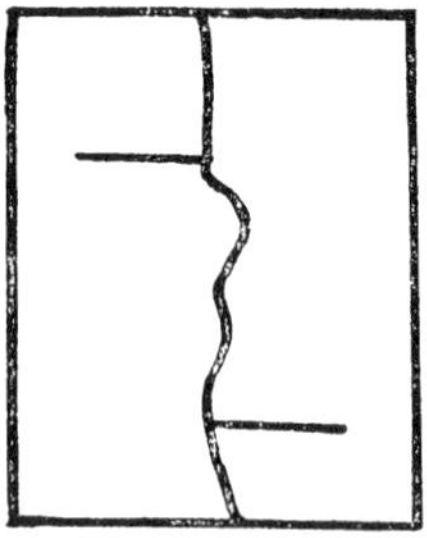

ホ、サラヒダ
敵ハナシ、タメノ内ハラミ
タル占ニテ悦也

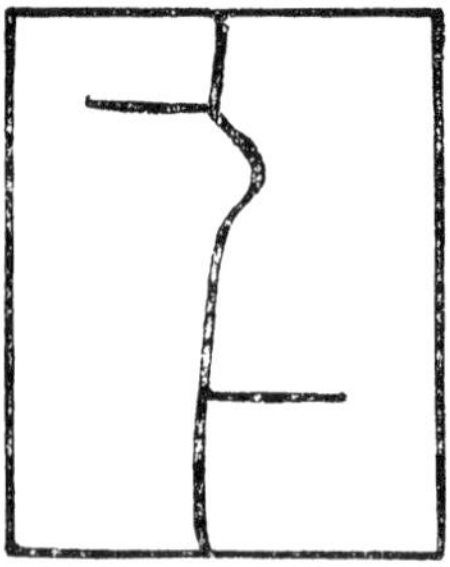

ホ、ミタルト云
タメノ外ニハラミタル占ニ
テ惡也

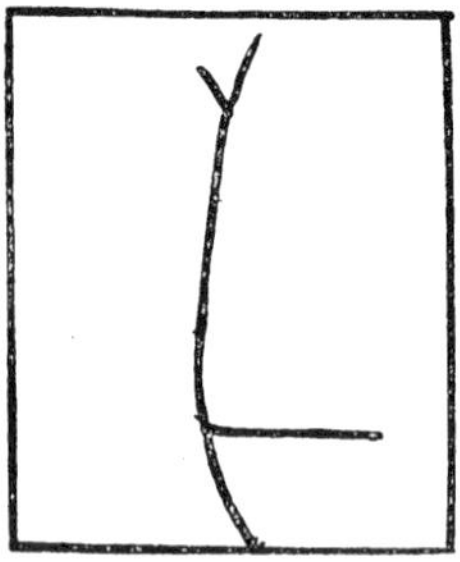

カミ、イキシイ吉
エミ、ナゴシキ占
ト、キヲサル

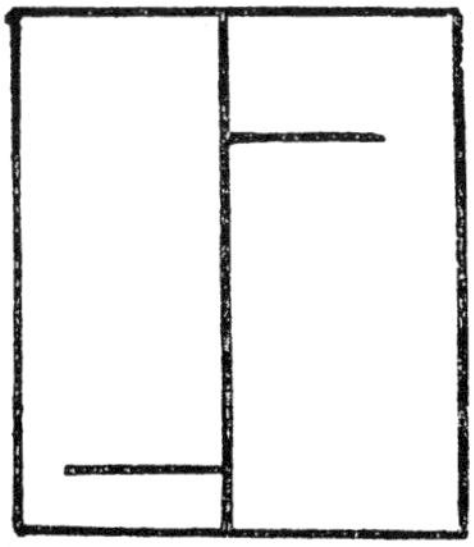

上ヵ下ヘナリタルヲ云ヒ悦也

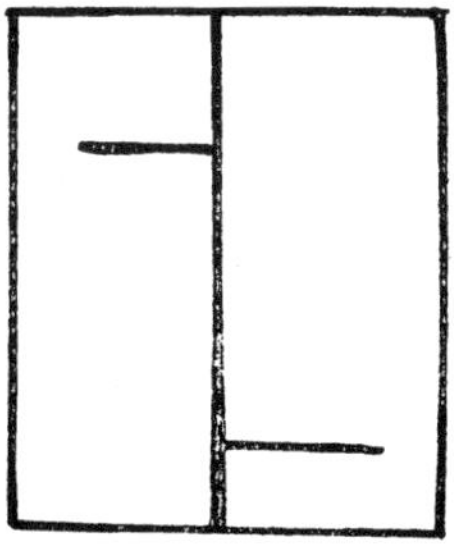

タメ、ヒキ占ニテ何事モヲソシ

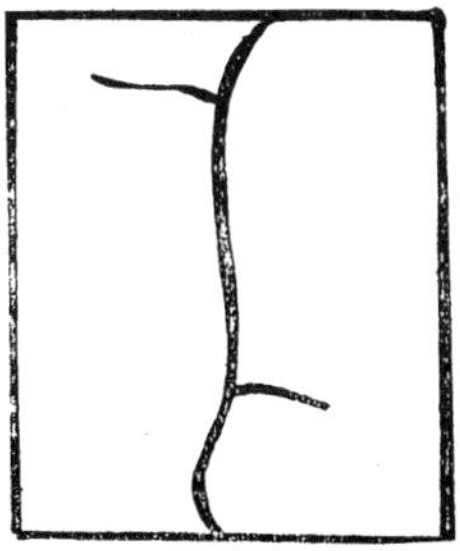

ホ、敵剛也ト、寄タリ吾ハ難ナシ

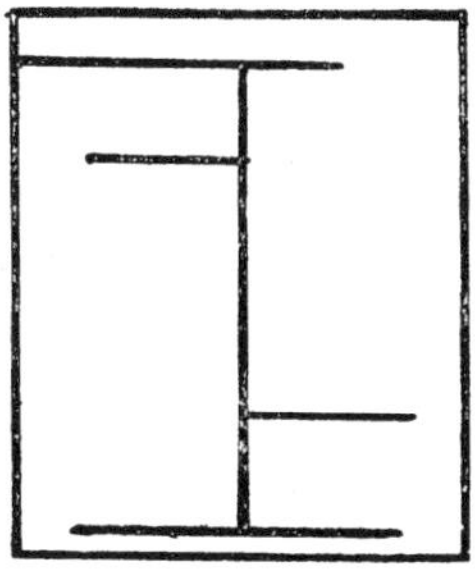

ホノ道ト、トノ道ト止リタル惡

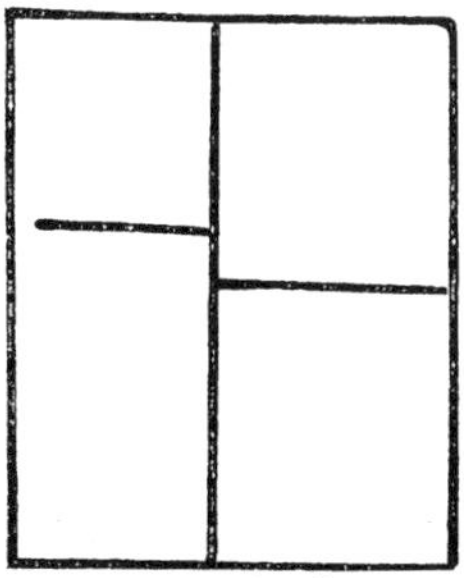

此占タメサメタル占ニテイソキ吉

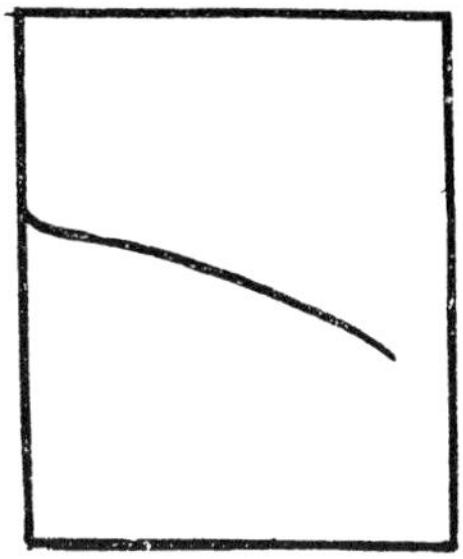

右下リハ敵吉身方惡、エミ下ルノ心ナリ

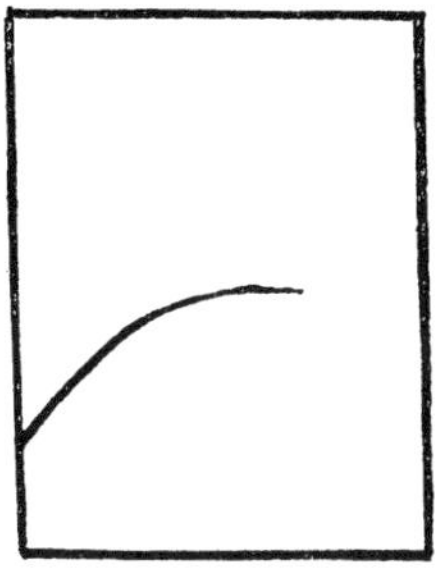

右トリハミ吉エミ上リノ心ナリ

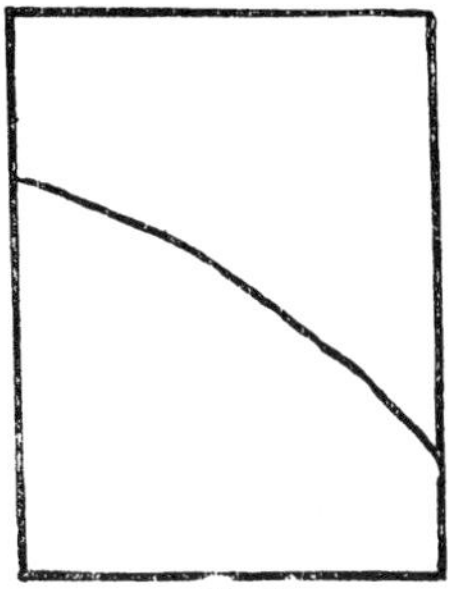

我心サカリ惡ナリ

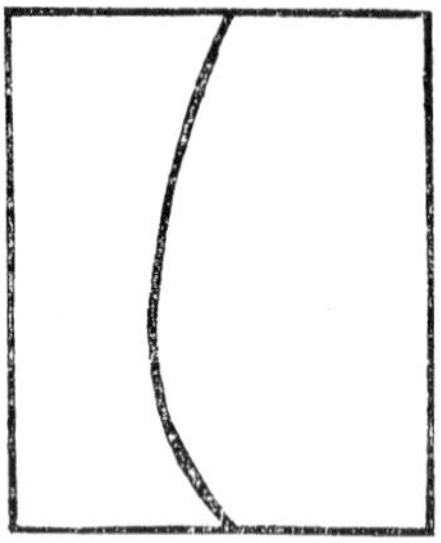

ホ、サラヒ
吾雖ナシ
ト、ユルス

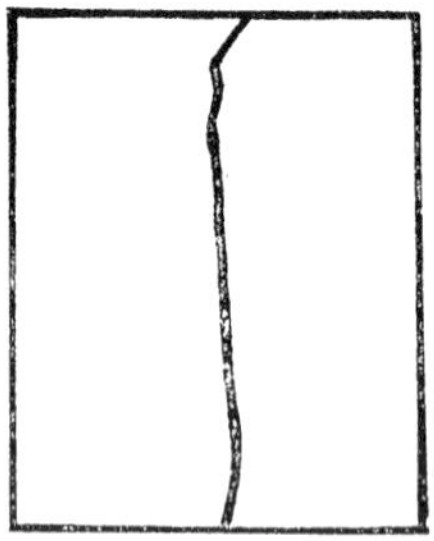

ホ、ミスル
上ノ右ヨル
ハホミスル
上ノ左ヨル
ハホサラビル
下ノ右ヨル
ハトヨセダ
下ノ左ヨル
トユルス、
其外ヌキト
ヲシ切ウラ
又チソシノ
ウラ

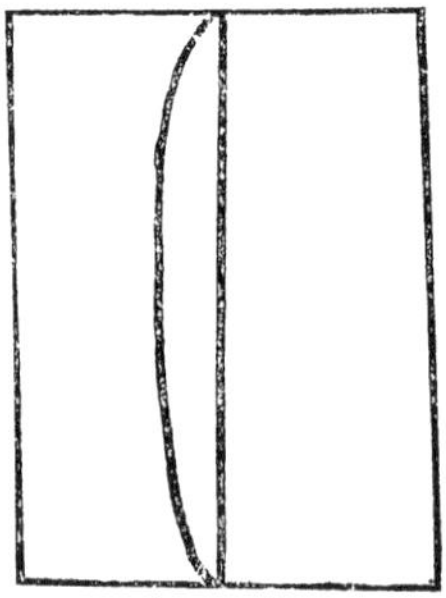

登ハ寄タリ
ト云出行凶
病吉

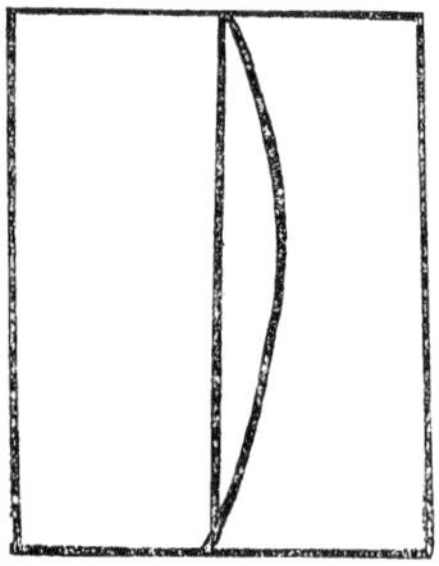

登ハノキタ
リト云出行
吉病不吉

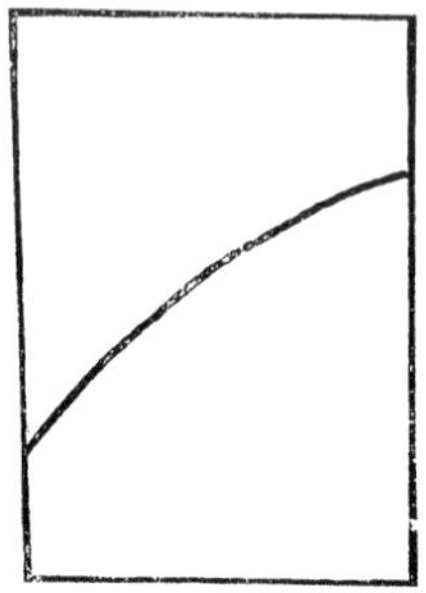

我方ノ悦ナ
リ

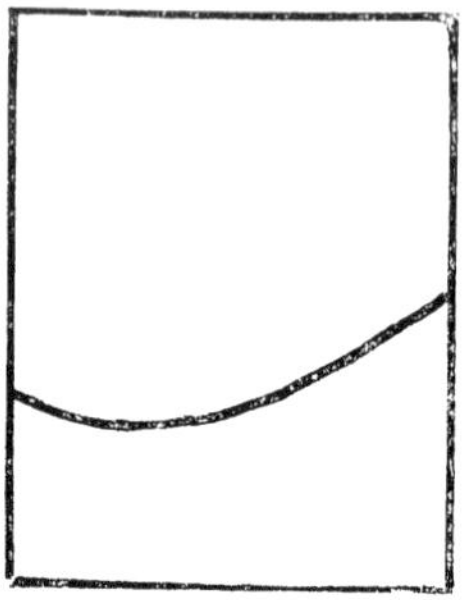

カヤウニ切
レタルハエ
ミ、カミノ
體用ニテ我
モ神モ吉

右等各傳書によつて多種あるが、大抵何れも大同小異であるから今は之を略する。但し大體に於て吉凶判斷の豫想はつくのである。

更に余は將來、龜卜の奏文(そうもん)等の古文書(こもんじょ)を調査研究し其實際の判斷例を究め得て發表して見たいと思つてゐる。

## 附　鹿卜法

龜卜は元來、神代に始まつた鹿骨を灼いてものする正卜の法から來たのが本體で、次で支那の龜卜の法が混じて居る、又河圖・洛書の方法をも取入れて、遂に得難い鹿骨を得易い龜甲に代へて用ひた事は事實であるが卜法は依然古い傳へのまゝ日本固有のものを以て判兆を定めて居つた事は、波々迦を用ひて居る古實が飽迄此卜法に殘つて居ることでも知られる。由來、龜甲を用ひ始めたのは對馬が元で對馬が韓國に近くもあり、從つて交渉の頻繁であつた關係から早く此地に傳來して用ひられたので、鹿卜の神事は依然として本土に傳はつて居つた事は、鹿島葉若の神事と云ひ、貫前神社の鹿卜神事等が其卜法を完全に傳へて來て居るのでも明白である。尤も使用する鹿骨を龜甲に代へた事は「卜は灼レ龜也、凡灼レ龜占二吉凶一是卜部之執業」と「大寶令」に明記されてあることから見れば、大寶・養老年間に既に龜甲に代へて用ゐて居つた事は確かである。唯だ問題は其卜法の傳來と固有の卜法との混同の差異如何である。之に對する考證は更に研究を要すべく、今は鹿卜神事の大體を示して其卜法を說くに止めて置く。

例一、太占料鹿肩骨圖「正卜考」「伊勢貞丈雜記」所載

牡鹿の左肩の骨を取つて、百日計り土に埋め臭氣を去り雨を灌ぎて後用ふる。尙脂氣が有ると卜文が現はれ難い。太占には多く骨の薄き所を切つて用ふるとあり。

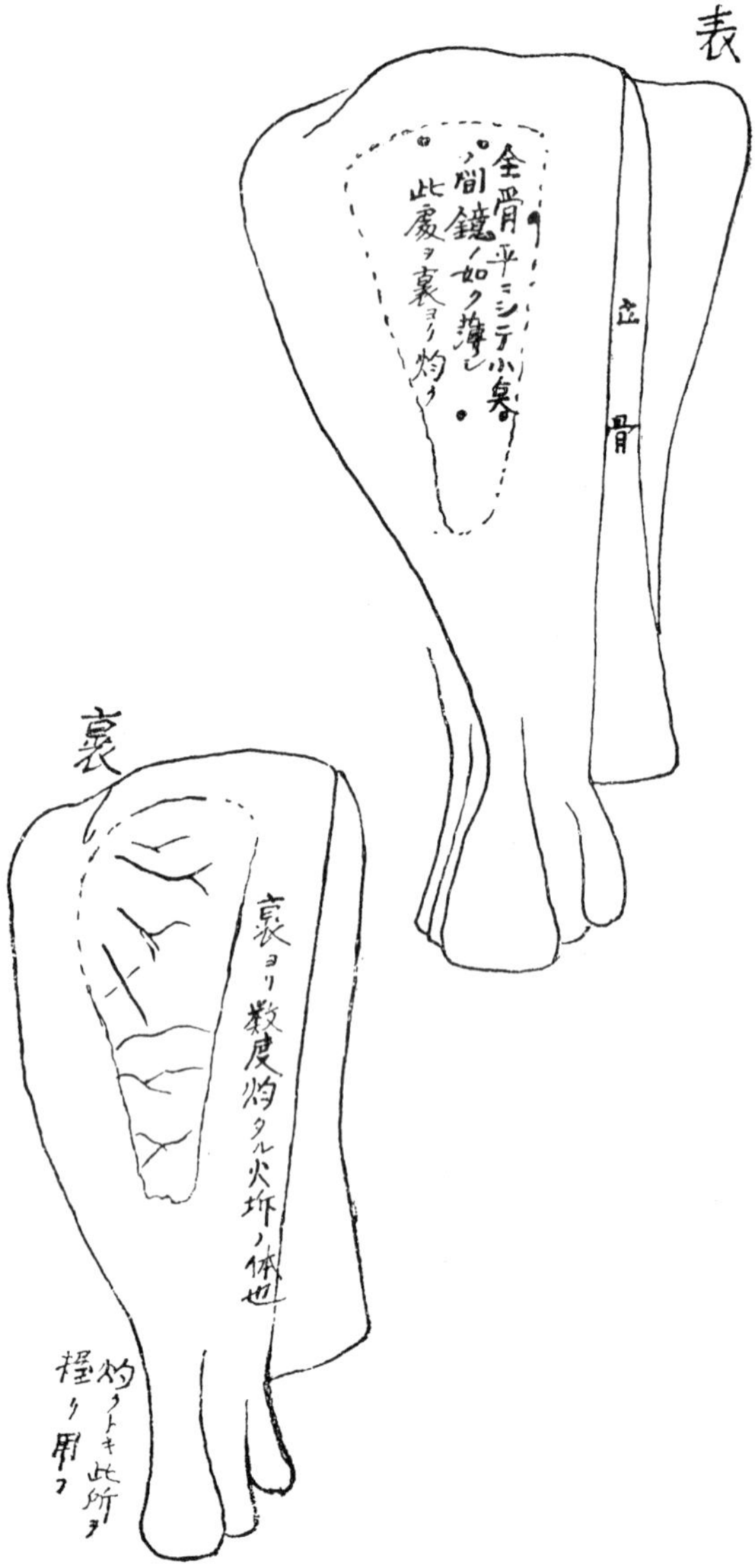

例二、貫前神社鹿卜神事

貫前神社に存せる鹿卜は古傳に鹿の肩骨を拔いて薄く磨き、淨火を以て灼いて占ふのである。上野國北甘樂郡一ノ宮の貫前大明神年中七十五度の祭事の事に、毎年正月と十二月の上の申の日から中の卯の日迄に同郡秋畑村から毎年捕つて獻つる鹿骨を內拔きにして、長四五寸計。幅三四分許りに作りよく磨いて、翌日辰の日の曉に、神人等が河流に降りて身滌ぎをし午の刻に及んで神前で神事を行ふのである。此儀は先づ盤上に件の肩骨を置き、忌火で錐を燒き淸めて後骨を突いて卜問うのである。其卜具たる錐は、豫め忌火にて淸め、長四寸五分、或は五寸計りに其數五本を作つて、柄に一から五までの數字を書き認めて、始め先づ神に願意を告げ、錐を以て骨を突く。卜は錐の能く貫きたるを大吉とし、通じ難きを凶とし、錐の全く通らないのを大凶とするのである。

鹿骨（黑點ハ大吉 半白ハ凶 點ハ大凶）

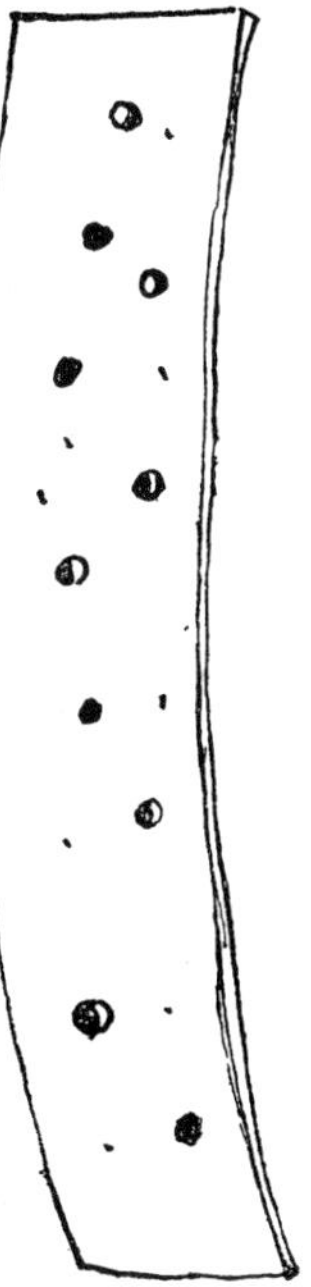

## 雜占卜法

諸種の占事の中今日尙神社に於て古式の存するものに飯占・粥占・筒粥の神事がある。

飯占とは一定の箱に兆竹四本或は六本を以て井桁(ゐげた)を作り箱の中を九、或は十二に區劃し左圖の如く各種の穀物を煮(に)て之に納め其量によつて神意を卜問ふ判定としたものである。

| | | |
|---|---|---|
| 粟 | 大豆 | 米 |
| 稗 | 小豆 | 麥 |
| 蕎麥 | 黍 | 小麥 |

| | | |
|---|---|---|
| 蕎麥 | 大豆 | 米 |
| 粟 | 小豆 | 麥 |
| 黍 | 稗 | 小麥 |
| 胡麻 | 菜種 | 綿 |

・粥占は飯占と同しく桝形(ますかた)に粥を煮て（粥は多く小豆粥を用ふ）卜問ふ神事を行ひ翌朝其結果を見て判兆を定む、又十二ヶ月の豐凶吉凶を判定する等種々に用ゐらる。

・筒粥占は粥を煮る釜に筒を差立て祝詞を奏上し神事を行ふ間に、筒に粥の入る程度によつて卜問ふのである、其他の占は次の雜占所載資料によりて知ることを得べし。

## ○雜占所載資料

太占を始め鹿卜龜卜其他雜占の所載資料を擧ぐれば左の如し。

太　占、古事記上六　釋日本紀六一　日本書紀纂疏上二　神道名目類聚抄　古事記傳四　倭訓栞前篇　伊勢貞丈隨筆　安齋隨筆　古史傳　玉襷

鹿　占、太平記二五　古史傳　壒添壒囊鈔　神道名目類聚抄　詞林釆葉抄

御體御占、江家次第　延喜式　禁祕抄　本朝月令　建武年中行事

手　占、和漢三才圖會

足　占、萬葉四　倭訓栞　日本書紀通證　正卜考

歌　占、十訓抄　古事談　倭訓栞　正卜考　嬉遊笑覽

黑色占、倭訓栞後篇　百家說林難波江

占色占、唐人說薈　大唐傳蔵

押字占、百家說林　續編難波江七下　名物六帖人事箋

夕　占、大鏡五　正卜考

石占、萬葉三　縣居雜錄　倭訓栞　正卜考　嬉遊笑覽　五朝小說唐開元太寶遺事

竈輪占、古史傳

瓦占、古今類書纂要

米占、古史傳一九　正卜考　提醒紀談

粥占、古史傳　年中行事大成　其他全國各神社に行ふ例多し

水占、橋占、山菅占、帶占、三角柏占、苗占、正卜考

辻占、倭訓栞　古史傳　萬葉一一　名物六帖人事箋　嬉遊笑覽

疊占、投算　嬉遊笑覽八

灰占、正卜考　嬉遊笑覽

暦占、和漢三才圖會

草籤、見聞隨筆

錢占、琅邪代醉篇一四　古今類書纂要

燈占、馬林廣記　壬集

響占、古今類書纂要

雲氣占、太平御覽八

農家占、類聚名物考

烏聲占、倭訓栞　太平御覽　古今類書纂要　萬物夜話

鼠占、故實叢書　安齋隨筆

晴雨占、和漢三才圖會　兩儀集說　萬寶新書　鶴林玉露

星占、甲陽軍鑑大全　史料眞田記　四庫全書　武備志

# 第三篇　龜甲代卜定法

神事の卜を行ふに龜甲を以て正式に之を行ふことは第二篇に詳記せることで其神事は容易でない。依つて今龜甲に代ふるに別紙圖式の如く龜甲代器(きかぶだいき)を作つて、正式に神前に於て卜事を嚴修する法を立てた、これが本書刊行の主旨である。

## 第一章　龜甲代器

抑も此龜甲代器は古式に則つて其形狀を摸定(もてい)し、波々迦木(はゞかぎ)の神意を象(かたど)つて櫻の木を以て作り、町筋(まちすぢ)は龜甲に掘入(はにい)るゝ筋の如くし、火坼(やけめ)に代るに五ヶ所に龜穴(きけつ)を設け、これに五行の靈色(れいしよく)を配當し、指火木(はしか)に代るに靈瓊(れいじ)を運(はに)んで火坼(やけめ)の相を見るのである。

## 一、亀甲代器圖定寸法

材は櫻又は檜をよしとす

上下四寸八分
上幅三寸六分
下幅三寸
厚　一寸
中厚五分

本書添付の略式甲代器は左の器具を縮少して製作したるものであるから、直ちに此器を以て龜卜を行ふも自由である。されど神社の神事には、神具であるから出來得べくは正式に檜或は櫻木を以て作り、常に神前に供へて置いて、靈瓊は水晶又は椋の實等の圓きものを擇んで靈瓊として扱ふ事とすれば尚ほ結構である。

然し、本書添付の本器を以て龜卜神事を行ふも何等差支ない。但し之を遊戯的に亂用する事は禁物であつて、殊に本器は神意を卜問ふ神具であるから、常に清淨の心を以て對せられたい。

## 第二章　甲代卜及用具舗設

神壇　一字

天神地祇と卜庭神を鎭祭するために立てる幣の壇である。或は現今用ふる神籬にしてもよし。

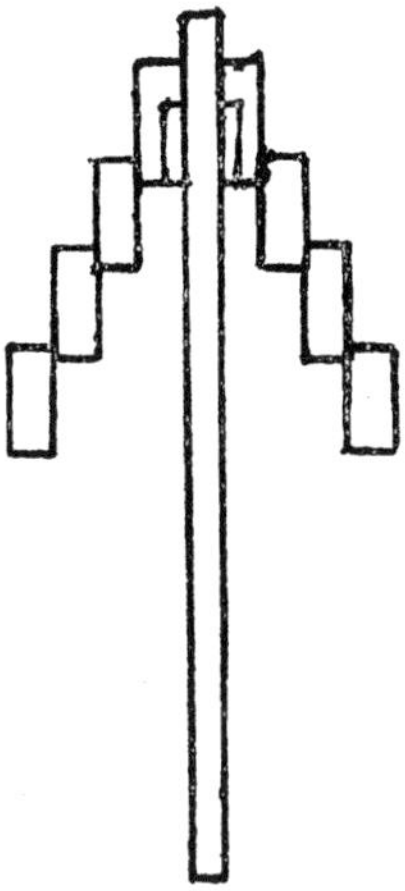

幣紙一枚ヲ三ツニ折リ、中ノ紙ニ神號ヲ書キ串幅ニ折疊ム

水器　一口

神依の水を盛る器具で成るべく金のものを用ふるをよしとする。

火爐（くわろ）　一口
　葉々迦木に火を點じて兆を求むるに用ふ。

甲代　一甲
　龜甲　但し龜甲は添付の龜甲代器を用ふ。

靈瓊（れいじ）　一箇
　厥知（うらあ）を卜合ふ神璽であるから鄭重に扱ふことを要す。

兆竹（さましたけ）　五本
　神依水を甲代の町に滌（そゝ）ぎ厥知を清め顯はす用とする。

葉々迦（はよか）　一束
　火を點じて、龜甲の町を本旨とすれど甲代器に於ては火爐に焚き器具を火に翳（かざ）す。

神依板（しんえばん）　一枚
　降神（かみおろし）・昇神（かみあげ）に用ふるもの。長二尺五寸、幅一尺、厚一寸餘、杉材を以てするをよしとす。

火燧器（ひきりき）　一具
　火打石を以て火を燧る具にてよし。

雑具

甲臺　甲代器を安ずる案である。

柳筥　占具を納めおく箱である。

又、降神・昇神に和琴を用ふるもよし。其他は一般神事の式に準ずる。

## 第三章　甲代卜行事作法

先づ清衣を着し祓所(はらひしょ)に至って修祓を行ふ。此儀、古式に準じ齋戒別火を行へば尚ほ可なり。

次に占の座に着き、一揖(いちいう)して着座

次に水器に水を盛り、口に天之眞名咋井水(あめのまなのゐ)と唱へて獻る。

次に御火(みひ)を熾(おこ)り、口に天之香久山火(あめのかぐやまのひ)と唱へて火爐(くわろ)に梵(た)く。

次に降神(かうしん)の式を行ふ。

先づ神依板(かみおろしのいた)を幣壇又は神籬(ひもろぎ)の正面に安(しゃく)じ、筅を以て板上又は御琴を搔くこと三度。

降神詞(かみおろしのことば)、吐・普・神・依身・多咩 五度繰返し此乃神床爾(おりぬるま)降居座せ別天神(ことあまつかみ)と白(まを)す。

次に獻饌

御饌・御酒・鹽水・藁等也。藁は占法に傳あり、必ず淸藁五本を要す。

次に柳筥の蓋を開き脇に置く。

次に甲代を案上の中央に置く。

次に葉々迦を左、兆竹を右に置く。

次に祝詞を奏す。兩段再拜　（本篇末記載）

次に兆竹を取り水を甲代器の麻知形に三度上中下と三段に灑ぐ。一段毎に右の詞を唱ふ。

與琉倍能美逗也　依賜幣　天津神

與琉倍能美逗也　依賜幣　國津神

與琉倍能美逗也　依賜幣　卜庭神

次に葉々迦に火を點じ、靈瓊をあぶつて麻知形卽ち甲代器に移す。

次に甲代の蓋を閉ぢ、左の詞を唱ふ。

烏囉磨嗟珥坐世　天津神

菩珥嗟吉久坐世　國津神

麻知迦那幣坐世　卜庭神

次に目を瞑ち甲代の蓋に右手を覆ひ、心氣を落付けて振動する事左圖の如くす。

此間　吐・普・加身・依美・多咩、保佐幾賜幣保波美賜閉　と祈念す。

此事を繰返す事二度、初めの靈瓊の町穴に納まりたるを末體とし、次に靈瓊の納まりたるを本體とす。此本末を記憶するには、豫め神前に供へたる藁五筋に墨を以て一、二、三、四、五、と記入し置き、末、本の場合を數順によつて定むるを式とす。

次に昇神の式を行ふ。

此儀降神の時の如くする。

昇神詞　吐・普・加身・依身・多咩五度繰返し神昇里給閉　別天神と白す。

次に卜の兆を案ず。

次に、退出散齋して卜神事を畢る。

## 第四章　卜兆判定

甲代によって神語五兆の卜兆を得て、卜事を判定するには、第二篇の龜卜諸傳書に載せたる龜相と占辭に據る事を第一にして、次に神典による神の行爲をよく熟慮勘考して疑ふ事なく判斷を定むるものとす。而して一般世事の判定に關しては次に解說する五行・數順・方位・季節の配比により兆相を判ずべく、病氣其他特種のものに就ては神語奇相の變化によって考察する等、次章各段に示す解說によって占者の伎倆の儘とする。故に占者たる者は、徒らに根據なき夭言を避け、何事にも飽く迄信念と確信とを以て事に當らねばならぬ。これ最も肝要なる點である。從って此の道の奥義を研鑽して眞の神ながらの神意を盡さんことに專らなるを要す。

## 一、神語

| | | |
|---|---|---|
| 吐 | ⊥ | 天御中主神 |
| 普 | ⊤ | 高御産靈神 |
| 加美 | Å | 神御産靈神 |
| 依身 | ㄈ | 宇麻志葦可備比古遲神 |
| 多咩 | コ | 天常立神 |

造化三神（吐・普・加美）

別天神（五柱）

吐たる天御中主神は普たる高御産靈、加美たる神御産靈の有無の靈德を以て顯はれ給ひ、一神卽二神の關係にまします。而して後に陰陽兩儀に顯はれ給ふべき二原理の元は、玆に自他の別を生じて依身たる宇麻志葦加毘比古遲神の我心發動を生み、次で多咩たる天常立神の對等他心を生ずるのは自然の理である。

神典にては之を別天神と申上げ、此五柱の神の御心こそ、實に深遠なる眞理を造つて居るもので、神典によつてよく五柱の神の御活動を考察し、神の御自生神に坐す神意を感受すべきである。神の出現は卽ち自生・造生・化生・誓生の理によつて生じませし如く、物の發生は卽ち種生・菌生・胎生・卵生の理によつて現生するのであるから、神と人との差別を認識して、神爲法則を人爲法則に及ぼす事が卽ちこの卜兆(ふとまに)の原理である。次に示す五語との配比(はいひ)はよく此理に順應したるものであるから比較研究して判斷すべきである。

## 二、神語配合之事

| | 吐 | 普 | 加美 | 依身 | 多咩 |
|---|---|---|---|---|---|
| 數順 | 一 | 二 | 三 | 四 | 五 |
| 方位 | 北 | 南 | 東 | 西 | 中央 |
| 季候 | 冬 | 夏 | 春 | 秋 | 土用 |
| 偶合 | 水 | 火 | 木 | 金 | 土 |
| 配比 | 地 | 天 | 神 | 人 | 物 |

神語を以て數順に配せば、一から五に至るので、六から十に至るのは、之の數を更に重ぬればよいのである。數の奇・偶・生・成は數理の原則であつて、總てこれによりて定まるので、後章に言靈數理の組立を示してあるから就て見られたし。

依つてこの配比表による比較をすれば次の如くである。

**吐**は、トにて灌ぐ意となり北にして冬に面し、地にして水を生せり。

**普**は、ホにて放つ意となり南にて夏に面し、天に輝いて火を放てり。

**加美**は、立つ意となり東より表はれて春に面し、神として木に榮えり。

**依身**は、動いて堅る意となり西に納まつて秋に熟し、人として金をなせり。

**多咩**は、納まつて止る意となり土用を節として中央に位し、物となつて土に藏せり。

故に古くよりこの五語の五行五兆に變化するの理は諸書に傳はつて、太兆の判例の基礎をなして居るので、其順理をよく體得して世事百般の事理を判斷すべく、更に易の卦繫に對照して運命吉凶を定むるも、干支、九星に及ぶも自由である。

## 三、五姓和比相剋

## 五姓和荒比（こせいわくわうひ）

| | 和 | 荒 | 比 |
|---|---|---|---|
| | 木火 | 木土 | 木木 |
| | 火土 | 火金 | 火火 |
| | 土金 | 土水 | 土土 |
| | 金水 | 金木 | 金金 |
| | 水木 | 水火 | 水水 |

## 五姓相剋（こせいさうこく）

| 生剋表 | | | | |
|---|---|---|---|---|
| 水木生 | 木火生 | 土金生 | 火土生 | 金水生 |
| 大吉 | | | | |
| 水火剋 | 木土剋 | 土水剋 | 火金剋 | 金木剋 |
| 大凶 | | | | |

**生す**、とは和となるの意で、

水は木の母である。土、木を生ずと云はないのは水を要するを以てゞある。

木は火の母である。金・金も火、石・石も火を生ずるが體を備へざるを以てゞある。

火は土を生ずは火は燃えて火であるが消えて灰となる。灰土は一體である。

金は水を生ずは金を火で炙（きう）せば水が浮くので、火生レ水（ひみづをしやうず）と云へないのである。

土は金を生ずは鑛山で金を含む故である。

**剋（こく）す**、とは荒（あ）るゝの意、易の天儀（てんぎ）に我剋するものを妻財（さいざい）すとあり、剋して却（かへつ）て好結果を得る事もある。

**比す**、とは同姓が列ぶので比和中生して吉凶相半ばする意である。

尚ほ後段に詳記するが近來姓名吉凶判斷には此五姓の比和を重しとして扱つて居る。

## 四、神語と靈色及五臟五體の配比

| 神語 | 五行色 | 五行 | 五臟 | 五體 | 易斷 |
|---|---|---|---|---|---|
| 吐 | 黑 | 水 | 腎 | 足 | 坎 |
| 普 | 赤 | 火 | 心 | 頭 | 離 |
| 加美 | 青 | 木 | 肝 | 眉 | 艮 |
| 依身 | 白 | 金 | 脾 | 腹 | 震 |
| 多咩 | 黃 | 土 | 肺 | 腰 | 兌 |

神語と各五兆を配比して見たので、重に病氣・心性に就ての判定には此表によりて推考する。

吐は、水性にして冬に屬し、北方に位して、黑色・鹹味である。

普は、火性にして夏に屬し、南方に位して、赤色・苦味である。

加美は、木性にして春に屬し、東方に位して、青色・酸味である。

依身は、金性にして秋に屬し、西方に位して、白色・辛味である。

多畔は、土性にして土用に屬し、中央に位して、黄色・苦味である。

色彩に就ては近來心理學者の間に於ても研究が進んで種々な學說の發表がある。之等は新しい研究ではあるが、我が國の太占判兆の上から見ても、古くから五行五色の靈色は既に具つて居つたものと思ふ。

一例を擧ぐれば、

| | | | | | |
|---|---|---|---|---|---|
| 一白 | 紫 | 四〇 | 六白 | 橙 | 六五 |
| 二黒 | 藍 | 四五 | 七赤 | 赤 | 七〇 |
| 三碧 | 青 | 五〇 | 八白 | 桃 | 七五 |
| 四綠 | 綠 | 五五 | 九紫 | 紅 | 八〇 |
| 五黄 | 黄 | 六〇 | | | |

の如き九星を各色彩別にして發表して居るのも新說である。

又支那でいふの天地を印度哲學では空と色とに別けて居る、佛說には青を空、黄を色として天地の理に充て、白を生、黒を寂、赤を光、綠を壽、橙を聲、紫を香、の八色に定めて居る。

由來人の性は各々人生に受けた性質があつて、事物に觸れて感情となり外に表はるゝ事が最も多い。今感情によつて發する涙を分析すれば、憤怨の感情には鳶色、悲哀の感情には灰色、悔恨の感情には石折色の各沈積物を發見し、感情から分魂せるものには皆毒素を含むと云へる事も病氣・神經等の判定、死後の靈魂分布に深き關係を有するものであることが窺はられる。

## 五、病相判配比

五臟・五體は人間の形を以て精神の動搖と病氣の空虚を判定するのである。

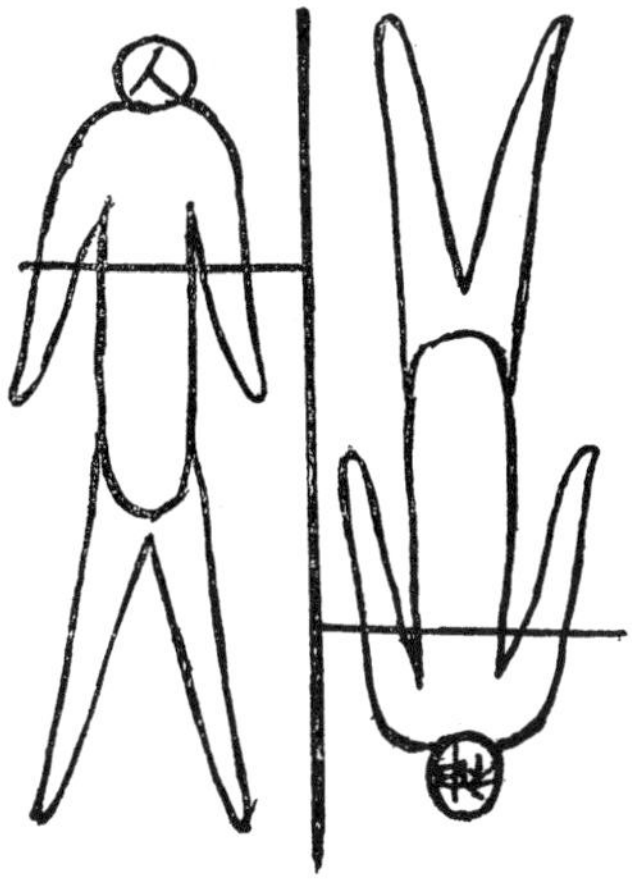

右上圖の形は人體に神語を配比して、正逆の二様とし、本末の兆によつて病所を卜問ふのである。

而して之に五行と數順とを合せて判定を下すのを普通とする。

吐は腎臓と足部に屬し。

普は心臓と頭部に屬し。

加美は肝臓と眉部に屬し。

依身は脾臓と腹部に屬し。

多咩は肺臓と腰部に屬せり。

而して左を人體として地に立ちて病源を見、右を神體として天に立つ祟りを知るの意である。

尙ほ五行を配して水・火・木・金・土の運氣と生剋の活動により災難を豫知し得る。

尙ほ下圖に示せる人體は奇相の天・街・國・坂・泉の五體の變化によつて病體卜兆を見る法である。

特に此奇相は深遠なる天理を有し、數理と神語とによつて應用自在なものである。この奇相は古き龜卜にも其他の卜法にも全く例のないもので、本書の特長である。卽ち五界五相の極まりなき變化活動によつて定めたので、更に別傳として將來研究をなさんと欲するものである。

## 六、神語奇相表

| | 一 | 二 | 三 | 四 | 五 | |
|---|---|---|---|---|---|---|
| **天** | 街 | 國 | 坂 | 泉 | 天 | **一** |
| **街** | 國 | 坂 | 泉 | 天 | 街 | **二** |
| **國** | 坂 | 泉 | 天 | 街 | 國 | **三** |
| **坂** | 泉 | 天 | 街 | 國 | 坂 | **四** |
| **泉** | 天 | 街 | 國 | 坂 | 泉 | **五** |
| | 吐 | 普 | 神 | 咲 | 爲 | |

數の比例

| 兄 | 弟 | | |
|---|---|---|---|
| 一 | 六 | 天 | 吐 |
| 二 | 七 | 街 | 普 |
| 三 | 八 | 國 | 神 |
| 四 | 九 | 坂 | 咲 |
| 五 | 十 | 泉、 | 爲 |

右奇相圖に於ける意を解けば

**天**は、天界で宇宙萬物の本源たる高天原で天上である。

**街**は、八衢で高天原に上らんとする八巷である。

**國**は、顯國で國土であつて現在の人界である。

**坂**は、平坂で顯國の陸地であつて居住所である。

**泉**は、泉境で國土の境界で幽國に通ずる極陰である。

宇宙萬物悉く此形によつて造成せられ、活動をなして居るもので、形あり、色あり、名あり、聲あり、音ありて生々して居る。實に神理であつて物皆この五の奇相によつて既往の事を判じ、將來の事を考へ、現當の事を知るので太兆判斷の神傳である。

次に五數の變化は太兆五數の表に示せる如く、數は一に起り五に止まる定數、六以下十數迄は六は一に、七は二に、八は三に、九は四に、十は五に反るのである。五は天の中數であつて萬源である。三は一と二の合數で天地人である。これを易占に比較するも同様であつて陶宮の十干十二支も皆同じ理である。

一　三　五　七　九　――は十干線

十　八　六　四　二　……は十二支線

一三五七九は奇數で天數――無形不變

二四六八十は偶數で地數……有形變化

十は一位を進め單數は零なるが故に之を除去して、單數は五である。

數理に就ては尚ほ後に詳記する。

さてこの奇相の兆判は頗る複雜であるから、一見して了解し得る爲めに以下判斷例を以て示さう。

## （イ）奇相本末によりて判ずる例

一ノ日或は一の事柄に就て吐の兆を得、これを末體とし、配比は街で八衢である。次に普の兆を得これを本體として卽ち顯國である。之を合して判ずれば既に顯國より八衢に至り天上に登らんとする兆であるから立身出世と知り、而して又末體の動くは益々進むによし。本體の動くは再び降るの意がある、然れども兆の生剋と其身分と日の奇偶によつて異なることがあり、夫々に變化を生じて來るのである。

二ノ日或は二の事柄に就て咲の兆を得、これを末體とし配比は卽ち天界である。次に吐の兆を得、これを末體として卽ち顯國である。判考すれば顯國より忽ち天界に至り昇り極つた象である。然し其道の街を飛び越えて居る形がある故に、これに相へる人は或は位を失ひ又は困苦に逢ひ、運命降る方に趣くと知るべく、又末體の動くは未だ位を失ふの時にあらずと知るを得る。

三ノ日或は三の事柄にて普の兆を得、これを末體とし卽ち泉境である。次に多咩の兆を得、これを本體として顯國である。顯國が泉境に入る象で凶の相であり、運傾いて零落する始めと知るを得。而して本體の動きをなせば一先づ降るも再び復すの意ありと知るを得る。

四ノ日或は四の事柄に就て、吐の兆を得、次に又吐の兆を得ば、本末共に泉境で、極陰の泉であるから困難の極と知るべく、末の動きと有形上の變化によつて少しは吉に向ふが、本の動き無形上の變化によつては益々困窮に入るので、未だ時到らぬ相と判ずべきである。

## （ロ）　奇相の剋するより祟りを判ずる例

奇相配比表たる左列の數位を一の事柄二の事柄と云ひ、下線の神語に五行の姓を充て判するのである。

例一、天界に相へる町があつて本體を剋する時は、天神の御心なりと知るべく、本體の活動する時は或は此事あらずと判じ得るのである。例へば神・爲の兆であつて、爲は五行の土に配し末體、神は木に配して本體とすれば、これが三の事柄の時は、神・木の兆は天界に相へて爲の本體を剋するのである。

例二、顯國に相へるの町があつて本體を尅する時は、國津神の御心なりと知るべく、但し本體の活動する時は或は此事なかるべしと判じ得るのである。例へば普・咲・の兆で咲は五行の金で本である。普は火で末である。これが一の事柄であれば普・火の兆は顯國に相ひ、咲の本體を尅すると見るのである。

例三、泉境に相へる町があつて本體を尅する時は、靈神或は蕃神の祟りがあると知るべく、但し本體の活動によつて變化する事がある。例へば爲・吐の兆では吐は水で本體であり、爲は土で末體であつて、これが五の事柄であれば、爲の兆は泉境に相へるので吐の本體を尅するのである。

例四、平坂に相へるの町があつて本體を尅する時は、遊魂妖魅の祟りありと知るべく、但し本體活動の如何によつては此祟りを避け得ると見るのである。例へば咲・神の兆であれば神は木にて本體、咲は金にて末體である。五の事柄であれば咲は平坂に相へて加美の本體を尅するのである。

例五、八衢に相へる町があつて本體を剋する時は住所・境内・家屋・普請・造作・井戸・廁等に不良の事相があつて障る義と知るべく、但し本體に活動ある時は、其事を避くるを得るのである。例へば吐・普の兆であれば普は火で本體である、吐は水で末體である、一の事柄であれば吐は八衢に相へて普の本體を剋するのである。

故に此等の剋するのを避けんが爲めに、或は本體を活動せしめ、日を變更するか、方位其他一時他に轉替して後之を行ふ等種々あり、これ古者の最も意を用ゐて應用し、專念に考案して、神理に反かぬ様に救護するを要するのである。

又此奇相を更に一父、二母、三兄姉、四弟妹、五子、と配して現在身邊の血族關係の吉凶を知るにも用ゐ、又一先祖、二高祖、三曾祖、四祖、五女、と配して先祖の靈の祟りを知る法にも用ふ、總て祟りとは靈神・蕃神・遊魂・妖魅の作用にして、決して輕々に爲すべきものに非らず或は年祭忌日の祭祀を怠り、靈舍墓所の法に反する等多く禍害災厄の起る因は玆に發して居るのである。

## 七、數理の解說

數理は天地萬物の本源であつて、其德を陰陽といひ、其數を奇偶といふのである。終始・表裏・本末・順逆・上下・大小・善惡・男女悉く其理に從はざるものはない。其故に此理に合ふものは遂に一に歸し、其理に合はざるものは一に歸すること能はぬのである。數は一に歸するが本元である。

又理に合はざるものは變化極りなく、其要を得ることが出來ないで、遂に茫乎として窮極する所を知らない。天は一で地は二であり、人は三であつて天地の合數を三とし、人には順數・逆數の別があつて、其運行に變化を生ずるのは自然の理である。

我が國では之れを言靈學として取扱ひ神典を始め總ての事象に對して解釋を與へて居る。これを干支の配當にするのも同じ理であつて、干は性にして支は質である。性は無形にして天の如く、質は有形にして地の如しといふのである。故に干支を天地の元機とし、造化の妙理によつて人として顯はれ森羅萬象に對して運行をなして居る。今左に圖式を示して其關係を知る便とした。

言靈學に於ては數理を伊邪那岐・伊邪那美二神の生成し給へる大八洲の八つの相と解して居る、大八洲國は現在の我が國の島であり、地球國土の全形であり、宇宙間の組織紋理である。八とは八對の意で、洲は縞である。我が國土は八對の島を成就するが故に、之を大八島國と稱へるのである。天地間の一切事象の上に榮・枯・盛・衰の起る根源は此理に基いて居る。而して此神性の錯綜無限の交渉が吉凶禍福を發現するのであつて、我が國皇學の原理をなして、尤も深遠なるものである。

| | | | |
|---|---|---|---|
| 第一對 榮 一、一 枯 四、四 | 第三對 治 一、二 亂 四、三 | 第五對 安 一、四 危 四、一 | 第七對 存 一、三 亡 四、二 |
| | | 一、二、三、四 皇 | 一、元 五、中 二、補 十、充 |
| 第二對 盛 二、二 衰 三、三 | 第四對 興 三、四 亡 二、一 | 第六對 閑 二、三 爭 三、二 | 第八對 得 二、四 失 三、一 |

# 八、陶宮の干支解說

| 天 | | | |
|---|---|---|---|
| 生 | 兄 | 弟 | 成 |
| 一 | 甲 | 乙 | 二 |
| 三 | 丙 | 丁 | 四 |
| 五 | 戊 | 己 | 六 |
| 七 | 庚 | 辛 | 八 |
| 九 | 壬 | 癸 | 十 |

| 地 | | | |
|---|---|---|---|
| 陽 | | 陰 | |
| 一 | 子 | 丑 | 二 |
| 三 | 寅 | 卯 | 四 |
| 五 | 辰 | 巳 | 六 |
| 七 | 午 | 未 | 八 |
| 九 | 申 | 酉 | 十 |
| 十一 | 戌 | 亥 | 十二 |

右は天地生成・陰陽・干支相合の圖である。甲乙以下は幹である。故に干と云うて本。子丑以下は枝である。故に支と云ひ末である。

幹は天德に配し、枝は地德に賦する。而して幹に兄弟があり、枝に陰陽があつて、天地開闢以來、生成の理に順つて數道が行はれ、幹兄と枝陰と聯行する事なく、又幹弟と枝陽と連合する事なく、完全な關係を保つて居る。之れ實に萬物開發、成否榮枯を鑑定する規範となつて居るものである。此事を詳密に說いたのが陶宮で、以下の各圖表によつて了得せられたい。

**（一）陶宮の天幹眞語**　天幹の運命を知るに便である。

甲、折也　丙、炳也　戊、茂也　庚、更也、壬、妊也
乙、軋也　丁、莊也　己、紀也　辛、新也、癸、揆也

一、幹甲は枝の寅に配す。甲は折也、丑の陰氣、陽に發して顯はれ、萬物芽を地上に發するので、これを人生に亨くれば、氣象活發で愛憐の情深く人望廣大である。

二、幹乙は枝の卯に配す。乙は軋也、陰中を過ぎ仲春新苗を發すれど、乙は屈して伸びざる處がある物事遲延して他の鞭撻を受けて發達する。

三、幹丙は枝の午に配す。丙は炳也、精神盛にして活潑、迅速の性で、物事凡て就き易く離れ易い。愛情に乏しく結末を失ふ性である。

四、幹丁は枝の巳に配す。丁は莊也、心穩やかにして正直、言語柔らかで物を扶助する念に富む性である。

五、幹戊は枝の辰・戌に配す。勇進の氣に富み活潑なるも心變動し易し。又進取の氣あれど、動靜常なく表裏定まらず、崩れ易き性である。

六、幹己は枝の丑・未に配す。己は紀也、心輕く氣强し。善惡の間に迷うて狐疑の念深く、自然我が强い爲に偏窟の傾きがある。又正直にして精密、萬事中間に迷うて果斷の念を缺く性である。

七、幹庚は枝の申に配す。庚は更也、心志堅きこと金石の如く、辯舌に達し器量あつて人望を集む。但し惡事に染みやすい。然し行爲嚴にして圭角多く心中寧靜を缺く性である。

八、幹辛は枝の酉に配す。辛は新也、取越苦勞多く强情偏倚の傾がある。然し智謀に富み眼識高きも變改し易く、人の心中を洞破して之を奪ふの風がある性である。

九、幹壬は枝の子に配す　壬は妊也、陰陽相交り妊むので德廣大で圭角なく、人の頭となる才がある。子は枝の上位を占め衆人から欽慕を受ける性である。

十、幹癸は枝の亥に配す。癸は揆也、行爲活潑、寛容の量乏しきも、事を處理するに長ず。但し專橫の弊があるも潔白、緩急に處すに長ずる性である。

以上を配列をすれば、

| | | | | |
|---|---|---|---|---|
| 甲、乙は木性、 | 春、 | 東方位、 | 寅、卯に配す | 青色 |
| 丙、丁は火性、 | 夏、 | 南方位、 | 巳、午に配す | 赤色 |
| 戊、己は土性、 | 土用・ | 中央位、 | 丑辰未戌に配す | 黄色 |
| 庚、辛は金性、 | 秋、 | 西方位、 | 申酉に配す | 白色 |
| 壬、癸は水性、 | 冬、 | 北方位、 | 亥子に配す | 黑色 |

子 寅 辰 午 申 戌は　陽に屬す
丑 卯 巳 未 酉 亥は　陰に屬す

**(二) 陶宮地枝秘言**　枝官の運命を知るに便である。

**子**、滋也　**寅**、演也　**辰**、伸也　**午**、忤也　**申**、身也　**戌**、滅也
**丑**、紐也　**卯**、冒也　**巳**、已也　**未**、昧也　**酉**、緍也　**亥**、闔也

一、枝子は滋にて萬物下に滋す相である。

稟性　陰氣多く、表陽を食み氣が長い、萬儉約の德があつて、英敏才子であり萬事に氣を配る性で、物事細かく、柔和で老叟の風がある。

體癖　金錢の耻辱苦痛があり、經濟が細かく、衣服器具を評價する癖がある。粗服に安んじ蓄財心が強い。

運氣　大木長成、枝葉繁茂して人仰ぎ見るの相で、本宮に胎を受くるものは、初め苦勞多きも中年氣運一轉して遂に富裕となる。但し住所・職業・緣談が變遷する場合はこの兆が變ず。

二、枝丑は紐で萬物厄紐して未だ散出せざる相である。

稟性　陰氣多く陽氣少なく、氣長く緩怠、言語少なき性で、志操堅固で曲を嫌ひ、平素氣長きも一旦怒りを發しては身を賭する風がある。

體癖　佞・飾　奔・整を嫌ひ、曲を惡むため氣苦勞が多い。藝事上達す。

運氣　質朴で記憶の才あるも、活用を知らない。婦女は良人、男子は朋友・親屬の引立によりて運勢廣大であるが。全體に志操堅固で嚴正なる爲め災難を受く。

三、枝寅は演也。萬物始めて生じ伸ぶるの相である。

稟性　陰氣に似て陽氣の性で、短慮・驕傲、利刀を以て竹を割くが如く、風姿自然の威光を備へ、義理厚きが爲めに義俠に富み物に感じ人に親切である。然し強情で人の諫言を聽入れず我意を通し過ぎるので尊大の風がある。

體癖　心に緩急ありて或は激怒し、勢ひに乘じ過ぎて物事を擇ぶ癖が多い。

運氣　仁義の志深く度量宏大で威あつて猛からず、百事に淡白な氣象であるから大人には宜しきも小人婦女には惡い。中人以上は自ら昇進の意が備はつて成功する性である。

四、枝卯は冐也。萬物地を冐して出づる相。

稟性　陽氣多くして溫恭、萬事豐饒で人和・人愛を主どるので、福分多く諸人に愛せらる　寛仁大度である。

體癖　物事に緩慢な質であつて、酒色に耽り物を疑ふ念と癇癪が強い。

運氣　萬事沈靜の風があつて天運は多いが、思慮決斷に乏しいため機會を失ふが故に、常に活潑なる氣を養へば事成就する。

五、枝辰は伸也、萬物皆舒伸して出づる相。

稟性　陽氣多く短慮で變り易い。性急で物を破損したり忘却する風がある。

體癖　怒氣常に絶えない。強情で人の忠告を用ゐない。我意が強く氣盛んである。藝事には達する質であるが、慢心が強いので其極意に達し難い。但し忍耐力があつて慈悲心が強い。

運氣　冒險を好み殺伐を好む性である。常に稜角があつて議論を好み人と喧嘩を釀す。又武器を弄び運動競技を好む性であるが、信仰心と贖罪心がない。又理を非に曲げても勝を爭ふ性である。

六、枝巳、已也。陽氣畢つて止むの相である。

稟性　外陽で内陰の氣を含み、人に疑はれ易い。溫和で靜かな事を好む。學業は進歩發達する。遠慮の心が深いので諸事胸に秘める性である。

體癖　偏狹で獨居沈默を好み、嫉妬心が強く、華美を好む風がある。

**運氣**　官福倶に備はって萬事吉運であるが、欝氣な人は開運の見込みがない。陽氣の人は平生心の鏡を秋の月に照り渡すやうに晴々として元氣がよい。

**七、**　枝午は忤也。陰陽相交って忤ふ相である。

**禀性**　陽氣盛んで陰氣なく、性緩慢で物に就て定不定がある。去就常に他人の愛を受けて親み易く疎まれ易い性である。心中に物事を蓄ふる事が出來ない。又物に感じ易く、勇ましく賑やかな事を好む。

**體癖**　此性は充分に敎育を受け修養せなければ記憶の悪い性で、湯茶酒水を貪る癖がある。

**運氣**　陽氣昇り詰めて降らんとする所で、内空しく外氣餘りあるので、福祿が備はって居るが保ち難い。殊に離合の氣速かであるから、何事にも幸福の機會を取失ふのである。物を聚めては散じ散じては又聚める。中年迄は吉であるが、末は凶が多い。

**八、**　枝未は昧也。日中で陽の幽に向ふの相である。太陽正午に中する時は既に西に傾くの理で、午に一陽生じ未に至って陰益々加はり衰ふのである。

**禀性**　陰氣欝悶して平素快活であるが移り氣で物に雷同して實意がなく、物事に感じ易い性で、人に對して遠慮深く念入り過ぎる性である。

體癖　偏窟で人に疎まれ癇癪が强い。他人の行ひを非とし獨居閑棲を好む癖があつて、取越苦勞が多い。

運氣　官福・住所に障りがあつて辛苦が絶えない。開運は遲れ勝ちで諸事人と談合して定むれば吉である。

九、枝申は身也。物象皆成るの相である。

稟性　陰で性質偈偍と云ひ、事に齷齪して倦み易く、後悔が多い。才氣あつて諸事細事に氣のつく性で、世話事が多い。

體癖　威を振うて他人を輕侮する風と、强氣に諂ふ癖がある。又人の行爲を摸擬し、總て終りを全うし難い。

運氣　官爵福祿共に出入して變化が多い。常に忍耐力を養うて實意を以て人と和する時は成功する

十、酉は緧也。萬物皆緧つて收まる相である。陽衰へ萬物老いて整頓するのである。

稟性　陰氣で陽氣が薄く思慮深く深沈する風があり、才智伶悧で大事を考へる。諸事決斷早い性で藝道に上達の風がある。

體癖　他を非として我意を張る風で、賭事勝負を好むのと、人の心中を測る氣が强いので大事を企

てたり人の言語を半途で奪ふ癖がある。

運氣　官祿があるが出入が多い。表裏反覆すること丶密謀勝負事を愼めば、中年迄は苦勞が多いが後は身上と居住が安らかである。

十一、枝戌は滅也。萬物皆衰滅する相である。

稟性　陽氣で音聲が高く、他人には宜しいが家人には惡い。義の爲めには死を賭しても進む風がある。

體癖　頑固・片意地で、己の行を顧ずに人の行ひを咎める傾きがある。謝罪したり、諂ふ事を嫌ひ、朋友・家内に爭を生じ圓滿を缺く癖がある。

運氣　集合・藝道を勉み勵む割合に上達しない。福運が薄い爲めに我が目的を達し難い意味があり獨り事を爲さんとせば必ず取返しの付かぬ失敗を招く。

十二、枝亥は關也。陽氣下に關づるの相である。

稟性　諸事悟りが早く一を聞いて二を知る性で、心潔白、道義心に富み、一藝に達して一念を貫く性である。

體癖　人の先に進む風があり、氣が烈しく和氣薄いため、冒險事を好み獨立獨行を好む癖がある。

運氣　福祿薄いが獨斷獨決して愼しむ時は開運すべく、中年以後官福を得て苦境を脫する。然し一途に進んで退く事を知らず、事業後戻りすることに注意を要す。萬事守成の心を以て進むを可とする。

## 九、方位運行

### 一、易と方位

東西南北を四正といひ、艮巽坤乾を四隅といふ。而して之を八方位とし、中央を中心として四正に五行を配し、十干を天に補し十二支を地に附し、更に九星を立てゝ氣學を起した。その氣學から方位が定まつたので、太陽の回轉が變更せぬ限り、方位の吉凶、運勢の盛衰は一定の軌道によつて循環して居るのである。我が國では遣唐使吉備眞備によつて天衍曆と太衍曆が傳はり、太陽星運による九星が一般に行はれ、四正、四隅に八卦を充當して、更に之に五氣五常の德性を加へて坤乾陰陽の人倫を說いて居る。

故に方位は人間萬づの行爲の上に最も其關係が深いので、中世以後諸種の建築を初め、轉宅・普請等皆これに依らざるはない。而も方位は方位のみで單獨に判斷を下すことはない。必ず其方位に各自の性質を附し、動いて吉凶を生ずるのであるから、次に略述する易、干支、五行の關係をよく知る事が必要である。

今方位の性質を易から說けば

艮　東北の隅

艮は改まるといふので、此方位を吉方として用ふると非常に榮え、凶方として用ふると頗る惡くなる。世に鬼門と云うて惡氣來向の門である。

震　東の正向

震は進み顯はれるといふ意で、若し個人でも團體でも、事業を行ふ上に必ずや內容が不良、不滿に陷つて吉凶共に整はない意がある。

巽　東南の隅

巽は調ふの意で、緣談其他萬事が調ふの相である。凶事として用ふれば此反對に大凶である。又不淨物ある時は財、怨敵となる。

離　南の正向

離は放たれるの意で、萬事不成功に終るので正南は强過ぎて惡い。よし一旦は良くなつても後續かず、他方位へ轉じて初めて名譽を存すると云ふのである。

坤(こん)　西南の隅

坤は延ぶるの意で、裏鬼門と稱し地形全き所を財産不動と云ふ。但土地の張出缺込は災凶である。學藝等萬事事を運ぶに適する。

兌(だ)　西の正向

兌は金錢位と稱す。吉方に用ふれば進行するが、由來西の星は弱い性の定座であるから歸人の身上又は永住には適しない。

乾(けん)　西北の隅

乾は大で回(めぐ)るの意、戌亥天門で天に屬し主人位で重きをなす方位であるから、吉方に用ひて萬事吉である。

坎(かん)　北の正向

坎は陰の極である。吉方に用ふれば成達し、凶方は永住する能はず衰退する。ことに門入口のあるは凶である。

## 二、干支と方位、

方位は先づ中央定まつて、次に四方の位が定まり、八方位と分れ二十四路となつて、これに十干と十二支が附隨する。而して各々これが順行して年々刑殺(けいさつ)を生じ、最も忌み恐るべき三刑禁方位を生ずる。三刑とは天刑・地刑・人刑であつて、此方位には祟咎を蒙り命殺とて生命の愁及び厄災禍難がある。これは年々の干支の順當によつて左のやうに變轉移動して行く。

一、子の年には酉方西が天刑、卯方東が地刑、午方南が人刑に當る。然も其前の支に當る方位を犯せば禍災散財となり、此後の支に當る方位を犯せば百事滯塞(ていそく)して禍障が起る。(以下倣レ之)

二、丑の年には戌の方位が天刑、辰の方位が地刑、未の方位が人刑に當る。

三、寅の年には亥の方位が天刑、巳の方位が地刑、申の方位が人刑に當る。

四、卯の年には子の方位が天刑、午の方位が地刑、酉の方位が人刑に當る。

五、辰の年には丑の方位が天刑、未の方位が地刑、戌の方位が人刑に當る。

六、巳の年には寅の方位が天刑、申の方位が地刑、亥の方位が人刑に當る。

七、午の年には卯の方位が天刑、酉の方位が地刑、子の方位が人刑に當る。

八、未の年には辰の方位が天刑、戌の方位が地刑、丑の方位が人刑に當る。

九、申の年には巳の方位が天刑、亥の方位が地刑、寅の方位が人刑に當る。
十、酉の年には午の方位が天刑、子の方位が地刑、卯の方位が人刑に當る。
十一、戌の年には未の方位が天刑、丑の方位が地刑、辰の方位が人刑に當る。
十二、亥の年には申の方位が天刑、寅の方位が地刑、巳の方位が人刑に當る。
右は十二支の順行の年歳殺方位の順行の規定である。

## 三、四季と方位

四季にも干支と同じく刑殺と云ふがあつて所謂四季塞(しきふさが)りと云ひ、年々刑殺の禁避すべきものがある、これを犯せば祟咎や變凶を招き、又普請造作などに重き意をなして居る。

立春後、正月節から二月中の前日まで
　艮より卯の方三點、艮寅卯の三方位に木帝刑殺かある。
春分後、二月中の日から四月節の前日まで
　卯より巽の方三點、卯辰巽隅迄の方位に木帝刑殺がある。
立夏後、四月節から五月中の前日まで
　巽隅から午の方三點、巽巳午の三方位に火帝刑殺がある。

夏至後、五月中の日から七月節の前日まで

午から坤隅の方三點、午未坤隅迄の方位に火帝刑殺がある。

立秋後、七月節から八月中の前日まで

坤隅から酉の方三點、坤申酉の三方位に金帝刑殺がある。

秋分後、八月中の日から十月節の前日まで

酉から乾隅まで三點、酉戌乾隅迄の方位に金帝刑殺がある。

立冬後、十月節から十一月中の前日まで

乾から子まで三點、乾亥子の三方位に水帝刑殺がある。

冬至後、十一月中の日前日から正月節まで

子から艮隅まで三點、子丑艮隅迄の方位に水帝刑殺がある。

而して土は中央に位して四正四隅に對するので、八方塞と云ふ。

次の連絡圖式によつて其關係を見れば明らかである。

# 卜兆と五行、干支、九星連絡表

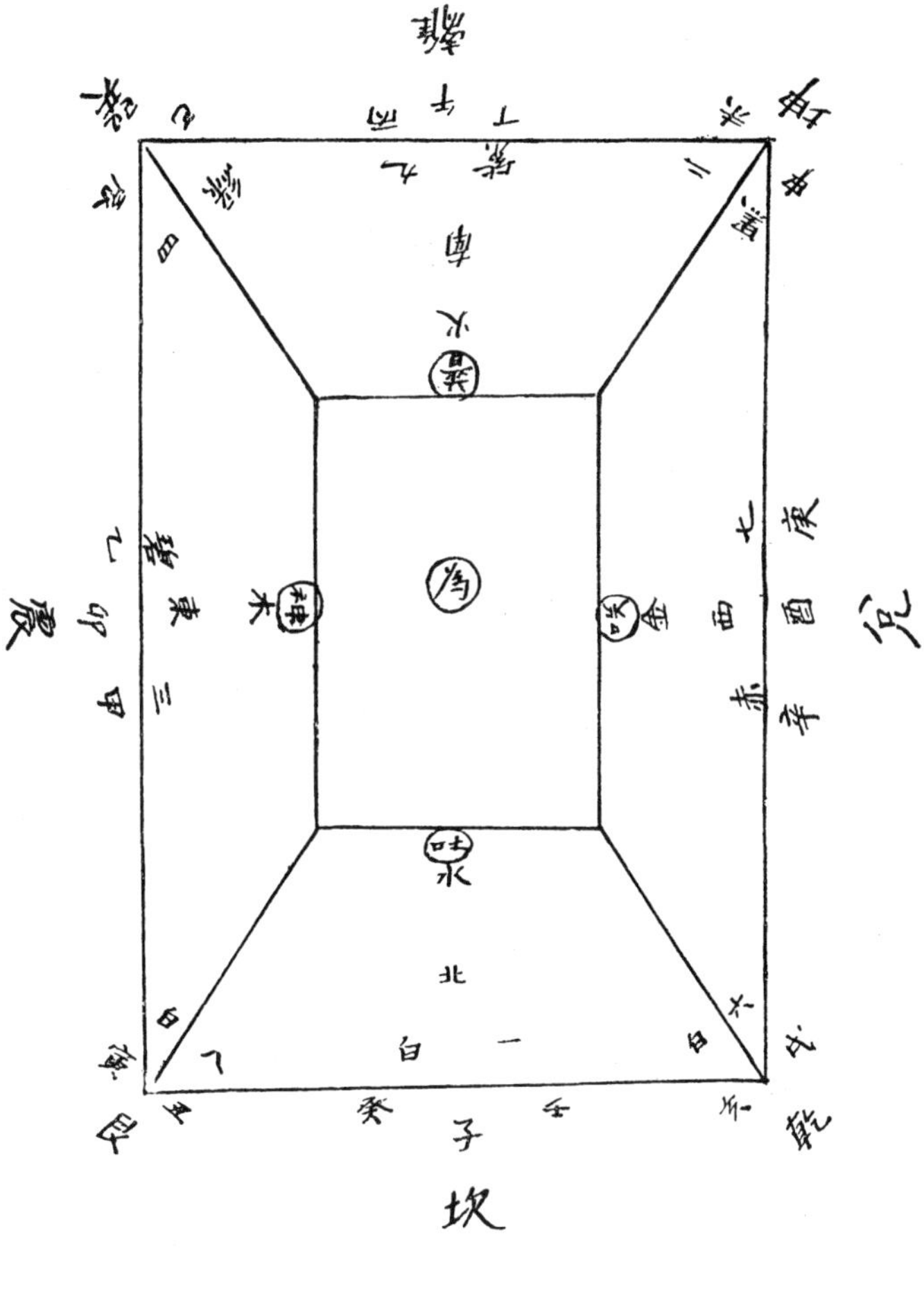

# 五行干支易卦連絡表

| | |
|---|---|
| 木 | 卯　寅 |
| 火 | 午　巳 |
| 土 | 戌未辰丑 |
| 金 | 酉　申 |
| 水 | 亥　子 |

尙ほ此外方位から來るものに本命的殺といふのがある。

本命とは生れ年の九星中宮星を云ふ。例へば昭和拾年は二黑の年であるから、此年に生れた者は二黑星が本命であり八方塞りの年に當る。本命的殺とは本命の飛泊する所と相對する二宮をいふのである、之を犯して何等差支はないが、年に依つては祟咎あつて災難が起るといふのである。

また暗劍五黃殺といふのがある。

暗劍殺とは五黃星の飛泊して居る所在の反對の方位を云ひ、五黃殺とは五黃星の事で、此飛泊相對する所の二宮を指して暗劍五黃殺と云ふ。之も犯しては容易ならぬ祟咎が起ると云ふのである。

正德神というて、正陰・正陽の吉祥の方位を指すので、此四合正德の方位は天地旺神で、陽は施す事を司り、陰は有形の主にて其德を生じて生育を司るので、其方位を事業・普請・移轉等に用ひて家運の吉祥を祈るのである。

惠方、歲德神の方位で牛頭天王巡行の位で須佐之男命とも云ふ、惠方は兄方、得方、吉方の意で一年間萬物を生ずる吉方で正月惠方詣りをする、方位は御所や府中の政治の中心から立てる惠方位と、自家から立てる惠方位とある、陽の五干に陰の五干を隷屬して、甲と巳の年は寅卯の間、北東の東乙の庚の年は申酉の間、西南の西。丙と辛の年は巳午の間、東南の南。丁と壬の年は子亥の間、西北の北。戊と癸の年は戊丑の方向に當る。

其他大將軍とて俗に三年塞りと云ひ、飛泊した所へ三年止るのがあるが、星座に對する信仰から來たもので大した事はない、又大陰と云ふは婦人の事のみに就て忌むので、殊に姙娠期に向つて大切な方位である。黄幡と云ふのは、丑未辰戌の方位にのみ運るものであり門・倉庫などに忌むが、これも信仰上の事である。豹尾とは畜類に就いて忌むだけのものである。其他八將軍等があるが、前に詳記せる歳殺歳刑の點を第一に見て吉凶を定めればよい。

以上は今日行はるゝ方位の見方で、易と干支と季節との變化によりて自然的に方位の吉凶を定める程度が尤も信じて害がない、近來此外諸種の俗説か流行して遂に迷信に陷るの弊がある、可成かゝる細事に拘泥するを避けしめたい。

由來我國上古の思想から考察すると、朝日の日向ふ處、夕日の伊照る處の地を以て理想とし、生井、榮井の清水の廻る處を良所として居る、左は日足りて右は見限りで、常に左を以て上位として居る、神社の方位、宮殿の向面にも、特別の由緒あるものゝ外は天皇の坐す御所に面するか、地方に在りては多く府中が城郭に面するのである。次で海の守護は海に、山の守護は山に面し、宮殿のミアラカと對して人の住居をスミカと云ひ、在處を守る意として或は鬼門の守護位、入口の守護位、床の主位等を本體として方位を定めることが最も我國民性に順應るものと思ふ。

## 一〇、易　斷

易斷の事は夫々專門の書があるが、今干支・方位・五行の連絡關係を知る爲めに大體を略述する。

八卦は伏儀氏の國王となるや、仰いで象を天に觀、俯して法を地に觀、中は萬物の宜しきを觀、近くこれを身に取り、遠く諸を物に取り、始めて八卦を作つて以て神明の德に寓した。而して之を萬物の情に類したのだから、八卦には五氣を連ねて以て五常を生じ其象を行ひ、乾坤に則つて陰陽に順ひ、君臣、父子・兄弟・夫婦の義を正し、此を用ひて人を治め、君を親んで臣を憐れみ臣子之れに順つて群生を和洽して各々其性に安んじたのである。故に易は天地を繼いで人倫に洽くするの道となつて居る。恰も我が神國に於て皇靈二神の產靈の德によつて總ての物を生じ、ありとあるもの悉く定まり享け得たる性命があり、人界の基本を示されたる大物主神は太昊の河圖・洛書と等しき奇く妙なる神理を造られたのである。

故に易には日月を張し、星辰を列ね、四時を序し、陰陽を整へ、氣を布き性を治め次で五行を置いて春生じ夏長し、秋收し冬藏し、陽を感じて雷氣となり、陰は雪霜を成し、群生を養育し、一茂一亡之を潤すに風雨を以てし、之を曝すに日光を以てし、之を温むるに節氣を以てし、之れを降すに殞霜を以てし、之に位するに衆星を以てし、之を制するに升衡を以てし、之を苞むに六合を以てし、之を羅するに紀綱を以てし、之を改むるに災變を以てし、之を告ぐるに禎群を以てし、之を動かすに生殺を以てし、之を悟るに文草を以てしたので、故に天に在って觀すべく、地に在って圖すべく、物に在って紀すべく、人に在っては相すべきものと定めて、卽ち天文の様を仰いで天の萬物を生ぜる有狀を述べて居る。又地に五嶽を封じ、四瀆を畫き、洿澤を規し、水泉に通じ、物を樹へて類を養ひ萬根を苞殖して群生を養ひ、天の時に違はず、物性を奪はず、其性を藏せず、其詐を匿さずして各々心に安ぜしめたので、卦の繫辭には地の理を見て、地の萬物を養ふ有狀を述べてあるので、卽ち伏儀氏が八卦を作った本義は、正に人倫を理め、王道を明かにせんとの所業であったのである。

## 八卦配置圖

| | | | |
|---|---|---|---|
| 乾 | ☰ | 陽のみで剛の極で | 天である |
| 兊 | ☱ | 一陰二陽の上に在り | 澤である |
| 離 | ☲ | 一陰二陽の間に在り | 火である |
| 震 | ☳ | 一陽二陰の下に在り | 雷である |

巽　☴　一陰二陽の下に在り　風である

坎　☵　一陽二陰の間に在り　水である

艮　☶　一陽二陰の上に在り　山である

坤　☷　陰のみて柔の極　地である

かくて各八つが卦にかゝって六十四卦を生じ、天地萬物の理源を生ずるので、其解說は第四篇に記載し判例の略解を施してある。

又乾、坤の天地を父母として人倫と五行、五常、五色の配比する法もある。即ち左の通りである。

乾―父―天
巽―子―風
坤―母―地

震―木―東―春―青　三、八
離―火―南―夏―赤　二、七
艮―土―中央―土用―黄　五、十
兌―金―西―秋―白　四、九
坎―水―北―冬―黑　一、六

此五行の正氣は年々に廻り、互に相生し相剋するのである、人間は陰陽五行の正氣を受けて生れたものであるから、此氣に順ふべきであり、これに反して逆ふ時は禍を生ずる理である。

是故に易に太極兩儀を生じ、兩儀四象を生じ、四象八卦を生じ、八卦によつて吉凶を定め、吉凶を以て大業を生ぜしめたので、法象は天地より大なるは莫く、變通は四時より大なるなしと云うて居るのである。

されば八卦も元より五行四季を主として居るので五行は一は水、二は火、三は木、四は金、五は土で生數であり、水數六、火數七、木數八、金數九、土數十として皆成數と稱して居る。我が國太占の數理も一より五に至り、五を限數として六以下の數を加へて居る事が皆同一精神となつて居る。

## 一一、九　星

甲子から六十干支を以て一元とし、上元・中元・下元の三つを合して九星三元としてある。甲子一白を以て九星の上元と定めたのは今より一千七百餘年前、卽ち允恭天皇の御宇であり、近く元治元年甲子一白の年から上元に入つて大正十二年關東大震災の年が上元の終りで、其翌年甲子の年四綠が中元の始めで今日に至つたのである。卽ち上元とは甲子の年一白星を起源として癸亥まで六十年、中元とは甲子の年四綠を起源として癸亥まで六十年、下元とは甲子の年七赤を起源として癸亥まで六十年で此三元が環り終るまでに一百八十年を經て上元に戻るのである。

さて九星は左の配星圖によつて各星の活動があり、五行、干支、との關係を保つて居る。

九星配置圖式

| 易 | 九星 | | 方位 | 干 | 支 | 五行 |
|---|---|---|---|---|---|---|
| 坎 | 一白 | 水星 | 北 | 壬癸 | 亥子 | 水 |
| 坤 | 二黑 | 土星 | 西南 | 己 | 未 | 土 |
| 震 | 三碧 | 木星 | 東 | 甲 | 卯 | 木 |
| 巽 | 四綠 | 木星 | 東南 | 乙 | 寅 | 木 |
| 坤 | 五黃 | 土星 | 諸星中央 | 戊 | 丑未辰戌 | 土 |
| 乾 | 六白 | 金星 | 西北 | 辛 | 酉 | 金 |
| 兌 | 七赤 | 金星 | 西 | 庚 | 申 | 金 |
| 艮 | 八白 | 土星 | 東北 | 巳 | 丑 | 土 |
| 離 | 九紫 | 火星 | 南 | 丙丁 | 巳午 | 火 |

而してこの九星が每年・每月・每日・每時・中宮の所在から發して、戌亥・酉・丑寅・南・北・未申・東・辰巳と九方に飛泊して元の中宮に行き、此方位の順に九つの星が飛泊するのである。

# 九星飛泊順序圖

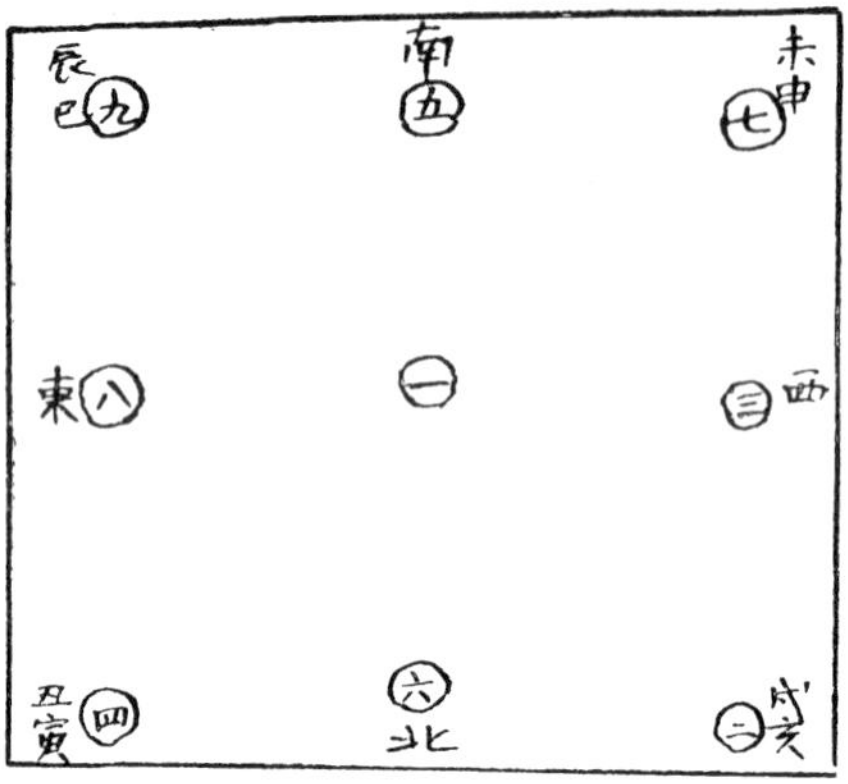


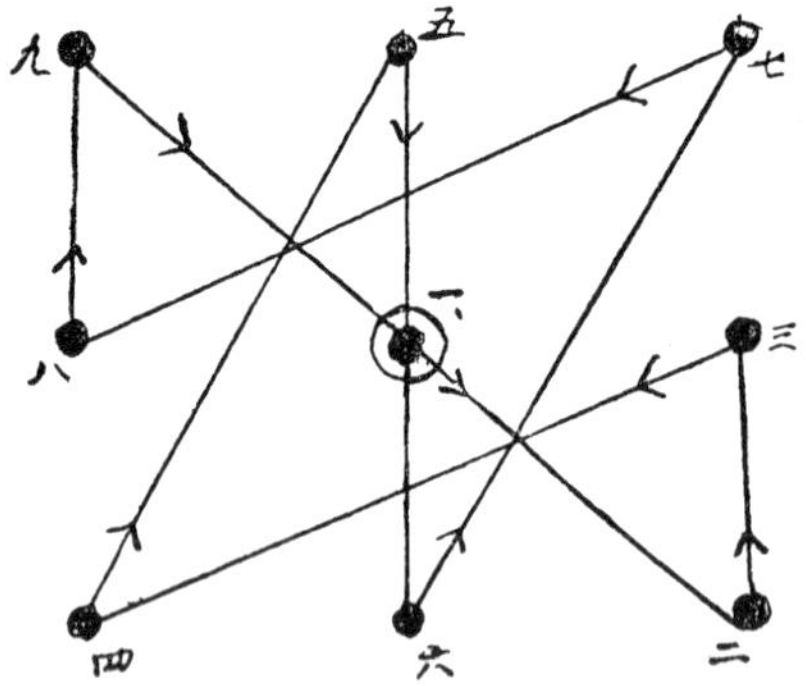


上圖の數順によつて運行する線を畫けるもの

（昭和十年運行圖）

▲ハ五黄殺

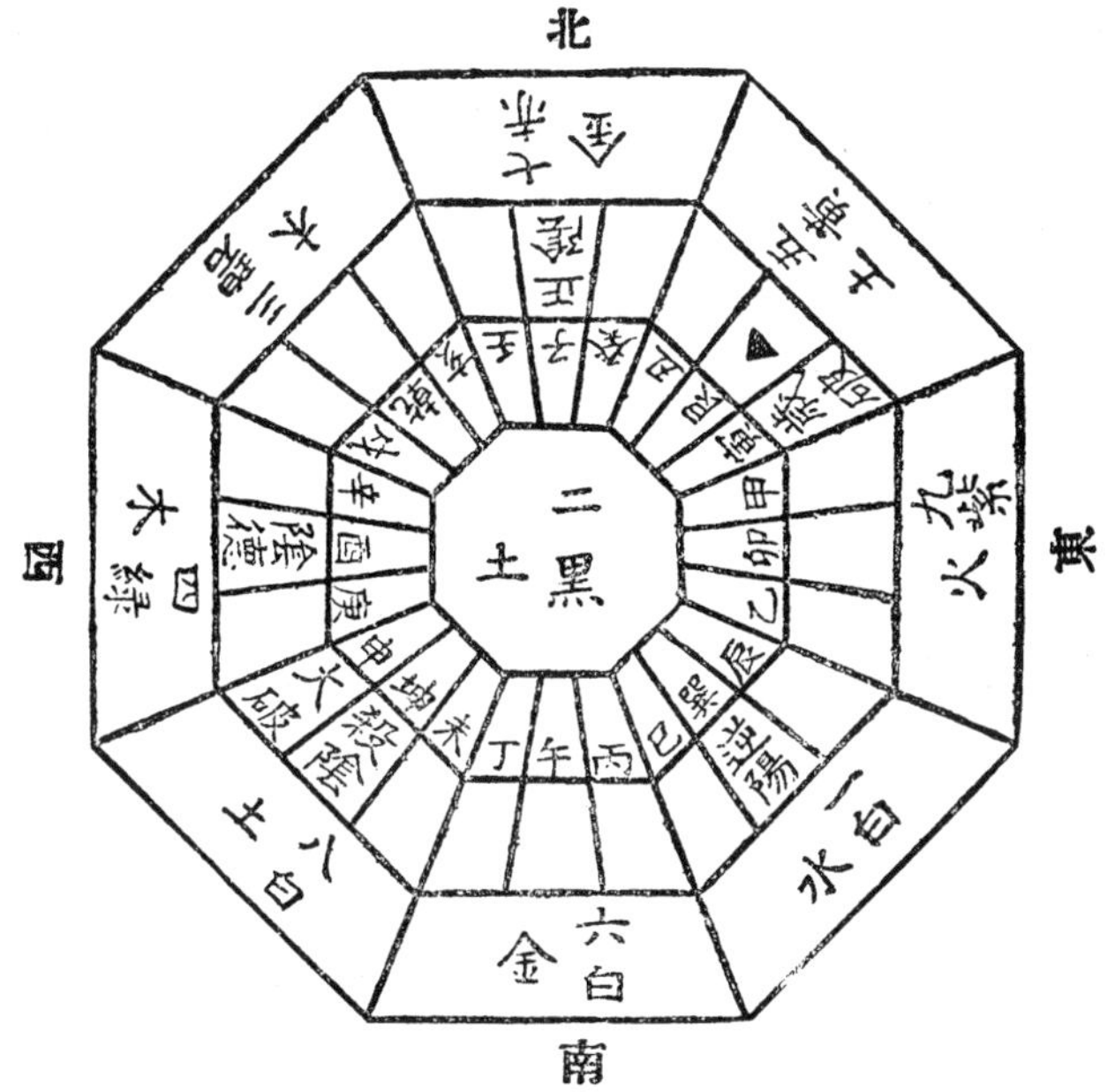


一白　坎ハ水也、萬物歸所
二黒　坤ハ地也、萬物皆養
三碧　震ハ東方、萬物出震
四緑　巽ハ齋シ、萬物潔齋
五黄　中央ハ正シ、萬物納了
六白　乾ハ戰フ、陰陽相通
七赤　兌ハ潤デ、萬物所レ説（よろこぶ）
八白　艮ハ開デ、萬物未レ成ニ終始一
九紫　離ハ明也、萬物相見

## 一白

水本宮、坎中男は北方坎水の卦に配して二陰一陽を包む象である。

外貌柔和なるも、內心强剛、忍耐力あつて頑固である。言語沈靜人と爭ふ事なく、物堅くして進み兼ねる所があり、外面溫順に見えるが、裡に一陽を含むので、然し癇症の氣があつて我意を固守する風がある、五性との相對(そうたい)を解せば、精神確乎で物事に迷はない。諸事器用で愛敬がある、中年迄は苦勞が多い。然し才智知識に富んで誠實に勉める時は何事も成就する。

木　本命退氣の相生で正直である。

火　人と和する風があるが、本命からは剋するので思慮が淺い。

土　本命を剋するから我意が强い。

金　本命を相生するから賢明である。

水　水陰重なるので人との和が薄い。

子性　吉運であるが口說が多い。一白は北に備はるので時を得ては幸福である。晩年には必ず出世する兆である。

卯性　幸福であるが、妻子に離るゝ憂いがある。又住居に迷ふ性である。

午性　一旦幸があり出世をする氣があるが半途障りが出來て永く保たない。妻子に離れる性である。

酉性　吉運であつて萬事障りがない。中年に住所が變り、貴人の引立があつて出世するが、晩年に兎角口説が多い。

本宮は北方であるから此方位に不淨物を置いては凶である。三碧中宮の年月日の時は七赤の方、又七赤中宮の年月日の時は六白の方に行くを吉とする。

易斷　坎（かん）の卦で、水に陷り進退險あるの意である。

## 二黑

土本宮、坤母は坤土の卦にて、春の土用を主とし萬物を發育する德がある。

性質は溫順で寬仁大度忍耐力があり他人との交（まじは）りよく尊敬を受く。家事節約、吝嗇に近い。又疑心深く人の爲めに損失を受く。男女共に緣談の苦がある。

木　本命を剋するから我意强い。

火　本命を相生して賢明である。

土　本命を比和して性傾き易し。

金　本命退氣の相生なれば正直。

水　本命から剋するので思慮淺い。

寅性　緣談には悲しみ多い。或は住所に迷ひ、親子の緣が薄い。故に他行して成功するが兎角偏屈の性である。

巳性　貴人の引立てに遇ひ人望を得て幸福、但し晩年、事業に迷ひ、妻子に離る。

申性　親子の情薄く他人の力を藉りて幸福を得。緣談再三の象。

亥性　親子兄弟の情薄く住所屢々定まらぬ性である。

本宮は未申の方で井・厠不淨物凶、八白中宮の年月日には六白の方、又六白中宮の年月日の時は九紫の方に行くを吉とする。

易斷　坤の卦で、地にて萬物を生養し、衣食住に富む。

## 三碧

木本宮、震長男は東方震雷の卦に配して靑木春を發生するを主どる。

仁德を備へて萬物を生育するので其性質聰明で威儀敦厚である、言語淸爽濶大にて決斷早く事を爲すに速であるが、又これが爲めに失敗を免がれない。

木　本命と比和して其質を顯はし物に傾き易し。

火　本命退氣相生して正直。
土　本命より剋して思慮淺し。
金　本命を剋して我意強し。
水　本命を相生して賢明である。
丑性　親子の間に苦情がある。他人の世話事あり、中年貴人の引立あつて幸福を得るも、短慮で貨財を損失する。
辰性　幸福あるも永續せず、住居に迷ふ。女は短慮で男を犯す、身體弱く親子の情薄い。
未性　幸あるも三十前後他人の世話の爲めに進退谷まる。
戌性　親子の情薄い。他出して住居を定むる性あつて自力を以て家名を擧ぐる性である。
本宮は震の方位で井・厠・不淨は凶、又一白中宮の年は九紫の方、九紫中宮の時は一白の方に行くを吉とする。
易斷　震の卦にて禍福已に出づる意である。

**四綠**

木本宮、巽長女は巽風の卦に配して無用をなす木材である。

性質賢明で負惜み強く然も物事に心配する性である、されど衆人の信用を得て名を顯はす、但し夫婦の緣薄く、產を破る意があり、家業を變せなければ幸である。

木　本命の比和で物に傾き易い。

火　本命退氣相生じ正直である。

土　本命より剋して思慮淺し。

金　本命を剋して我意强し。

水　本命に相生して賢明である。

子性　親子の情深く幸福である。緣談に薄く、事業に迷ひ易く他人の世話が多い。後年人の司となるが短慮が難である。

卯性　兄弟睦まじく朋友の交り濃かである。貴人の引立てあり、住居、家督の爲めに苦が多い。

午性　妻子の悲哀あり、貴人の引立てあるも短氣で一生を誤る事がある。

酉性　妻に關する難(なやみ)があり萬事整ふも又破るゝ意がある。

本宮は辰巳の方位で不淨を凶とする。又一白中宮の時は九紫に、九紫中宮の時は一白に行くを吉とする。

易斷　巽で逐風船を覆へすの意で、思ふ事達するも又破るゝ意がある。

**五黄**

土本宮、中央にて八宮を主(つかさ)どり中宮とす。萬事土を主として土に歸る。此宮に當る人は運命も最强大である。其性質、沈勇寛大で威風がある。但し人を見下す僻あり又義侠心の爲めに身を破る性である。

木　本命を剋して我意强く。

火　本命を相生して賢明。

土　本命を比和して物に傾き易い。

金　本命退氣相生して正直。

水　本命を剋して思慮淺い。

寅性　親子の情薄く縁談悪し。幸福を招くも多く德を失する。

巳性　子孫長久の基で幸福である。但し中年後浮沈生じ人の司となるも災難生す。

申性　小人は中運で大人は幸福である。但し身體弱く妻子に迷ふ僻がある。

亥性　親子の縁薄く身體薄弱であり、幸あるも永續せざる性である。

本宮は邸地の中央で不淨を避くべく、九紫中宮の時は六白の方に、七赤中宮の時は六白の方に向ふが吉である。

易斷　男は坤の卦、女は艮の卦である、男は二黑、女は八白の星に當る。

## 六白

金本宮、乾又は乾天の卦に配して山から出づる鑛鐵（ちらがね）である、性質堅剛で義俠心がある、片意地偏屈で、節約の心があるから德は厚いが進み難い事計りである。又目前の小智に驅られて家產を浮沈せしむる性である。

木　本命から尅して思慮淺く。

火　本命を尅して我意强く。

土　本命相生して賢明。

金　本命比和で物事に傾き易く。

水　本命退氣して正直。

丑性　萬事に幸有るも浮沈が多い。人の世話が多く苦勞絕えない。

辰性　小人は中運である、住所の迷あり中年より安樂となる。

未性　女は凶で男は吉である。貴人の引立てを受ける。
戌性　萬事に吉である。但し目下の者や雇人の爲めに苦勞が多い。
本宮は戌亥の方で不淨を置くことが出來ない。又七赤中宮の時は二黑の方、一白中宮の時は二黑の方へ行くのが吉である。
易斷　乾の卦で萬物資ありて始まるの意である。

## 七赤

金本宮、兌少女は兌澤の卦に配して世用をなすので金屬である。
性質よく人の親愛を受ける。但し寛大に見えるが內心殺伐の氣を含み柔弱小心で他事に移り氣が多い、能辯にて多く商業に適す、夫婦緣は良し。但し色情の爲めに家庭を破る。
木　本命から尅して思慮淺い。
火　本命を尅して我强く。
土　本命を助けて賢明。
金　本命に比和し物に傾く。
水　本命退氣して正直。

子性　子孫繁榮なるも次・三男が家督を繼ぐ相があり、萬事幸運なれど他人より損を受く。
卯性　住所に迷ふことがあり、中年以後よろしきも口舌が多い。子孫に災あるか、子がない。
午性　氣が弱く思ふ事を發表し得ない損がある、中年以後苦勞が多い。
寅性　人と調和して幸運を得るも、自己の才智の爲めに却つて身を破る。
本宮は西の方で不淨を避くべく、六白中宮の時は二黑、八白中宮の時は六白に行くのが吉である。
易斷　兌の卦で悅(よろこび)あれど惡く、榮えて後辱しめられるの象である。

## 八白

土本宮、艮少男は艮山の卦にて山土であつて秋の土用を主とる。萬物收藏するも殺伐の氣性あり節約心ありて堪忍の意強く、事を爲して丁寧、正直義俠である。表面弱きに似て內心剛である。
木　本命を尅して我意強く。
火　本命を助けて賢明。
土　本命比和し物に傾き易く。
金　本命退氣して正直。
水　本命より尅するから思慮淺い。

寅性　親子の情薄く諸人の嫉妬を受く。
巳性　大吉運なれど長子家督を繼がず。
申性　中年悲しみに會ふ。兄弟の爲めに苦多し。
亥性　始めは凶なれども體健にして身を立て晩年大吉を得。
本宮は丑寅の方位で不淨物を避けねばならぬ、六白中宮の時は九紫、九紫中宮の時は六白の方に行くに吉である。
易斷　艮の卦で、喜憂二山に重なり吉凶往來する象である。

## 九紫

火本宮、離中宮は南方離火の卦に配して一陰二陽に包まるゝ象である。
極暑炎熱甚だしいが地中既に陰氣を生ずるから外貌烈火のやうで强く見えるが、內心甚だ弱い。
聰明であるが、人と相謀る事を嫌い、理非の分別なく怒氣多き爲めに事業を破る癖がある。
木　本命を助けて賢明。
火　本命比和で物に傾く。
土　本命退氣して正直。

金　本命から尅して思慮淺い。

水　本命を尅して我意强い。

丑性　子孫に吉德がある。故に福運慶事がある。殊に晩年大吉である。

辰性　始め凶なれど中年以後吉運に向ふ。

未性　一旦盛んなるも久しくない。或は悲歎の事を生ず。平素信心を要す。

戌性、器用にして萬事に通達するが、人の爲めに名譽地位を破る。

本宮は南の方で不淨を避けねばならぬ。二黑中宮の時は三碧に、三碧中宮の時は二黑に行くのが吉である。

易斷　離の卦て一陰二陽の間に在り、外明にして內暗い、物に相遇して其德を發する。

**繰方の栞**

●方位を見るには先づ一〇一頁の易と方位、次に一〇四頁の年次の三刑殺關係を見、一〇五頁の季節と刑殺を見ればよし、尙詳しくは其人の年齡と數順の良否を甲代卜法を以てすべし。

●運命を見るには先づ九二頁の天官、九五頁の地官の干、支、の活きを見、次に一一八頁の星運の解と九星飛泊關係を見ればよし、更に其人の現在の運勢を甲代卜法を行ひ八七頁の奇相によつて判定すべし。

## 祝詞例

掛卷母畏支天津神國津神卜庭神及吾產土神乃大前爾何某謹美敬比恐美恐美母白左久今度願主某伊（病、禍、災爾罹里氐）天雲乃奧香母不知大船乃思比將憑嫌悔吝無支任爾皇神等乃天津御量以氐（良支藥乃安養免乎）神隨成留直支正支淸支赤支眞正道理乎授介賜比教閉賜牟事乎請願申佐牟止須、故天神乃御慮乎窺比奉良牟麻知波（眞男鹿乃肩乎內拔爾拔支氐波々迦乎以志肩燒卜合麻迦那波志米、或波龜卜乃甲乃火坼眞幸久）神乃命乃神事爾依氐太占乃眞卜乃御兆爾良支不良奴吉事凶事乎左依右依里懇到爾教閉導支給比、吐、普、加美、依身、多咩止唱閉奉留此玉串爾神憑爾歸來坐氐瑞兆乎示左江正手爾告志米給閉止恐美恐美母白須

## 略祝詞

天津神國津神卜庭神、又は吾產土神、何々神、何某我思比惑閉留心乃雲霧乎龜卜乃麻知爾依里氐速介久教閉給比、思比悟良志米、美志道爾導支給閉止白須

# 第四篇　略式卜法

## 第一章　畧式卜定法

略式龜甲代器を以て神意を卜する際は、たとひ略式を行ふにしても、先づ服襟を正し、手を洗ひ口を嗽ぎ、神前又は机の前に正座して最も敬虔の念を以てすべきである。

由來龜卜法は神隨の正斷を仰ぎ、人間の心の悟りを開き、煩ひを去らしむる精神修養の道を唯一とするものであるから、これを以て直ちに吉凶のみの判斷とすることは、此法本來の趣意でない。又これによつて直ちに幸福を招來するものと考ふることは特に注意すべきことで、人をして神の正しきに就き邪念の曲を正すを本意とすべきであるから、之を行うて人に判定を與ふる者も、自ら之を行ふ者も、共によく此意を了得して、若し惡しき象の顯はれたる時と雖も悲觀する事なく、善き象の顯れたる時と雖も樂觀してはならない。唯だ其行爲の善惡を示されたるものとして惡兆を善處し、善兆に順歸して疑ふ處なく信ずるのが最も正しい龜卜を行ふ心得である。善相非レ吉、惡相非レ凶、以二一心之所レ定卜二吉凶之相(きう)一とあるごとく、善惡ともに必ず熟慮誠心以て之を行へば必ず一生の定運(ていうん)を見出し、美化され善化されて何事にも迷はない境地に達するのである。此略式龜卜法の簡易なるに任せ卜具を玩具視して之れを行ひ、卜ふべからざるものを卜ふるに至つては到底神の正斷を解することが出來ぬのである、例へば心の中に迷ふ事、又疑ふ事、又將來を案ずる事が生じた場合、必ず先づ身を正し心を淨め尊信して之れを行はゞ、明らかに其光明を得るもので「龜卜は再びせず」と云ふ神事卜定の原則を堅く守りこれを忘れてはならない。

一、先づ机上に清淨な白布を布き、其上に龜甲代器を正しく置き、目を閉ぢ心を靜かにして、龜甲の上に片手を置き、我が思ひ願ふ心を口の中にて能く祈願する。

一、次に卍(まんじ)の如く龜甲代を振動して蓋(ふた)を取り、初めて顯はれたる町體(まちたい)(靈色)を見覺(みおぼ)えて是を本體とする。再び先きの如く振動して顯はれたる町體を末體として、次の圖式に示せる本末判斷見出表(ほんまつはんだんみだしへう)によつて卜定するものである。

例、初めに普(赤色)を得、次に吐(黑色)を得、之を吐(と)・普(ふ)の町體とし、普曾禮哆(ふそれた)の兆となる。

## 一、本末活動の事

先づト兆を定めるには、前條のやうに末體を上に、本體を下にして町體とする。これは判斷法の法則で、始めは疑心とも云へるので總て本心を以て決定するのである。

## 一、數順をトする事

數順は活動複雜で色々な判斷の法がある。先づ此法に依つてトする時は、本體の兆數、末體の兆數とを原に置いて、其人の年齡或は日子等を合せて十數以上の大數を棄て、少數の位を定めて其數位から神語の順に唱へて其止まる處を活動の町とする。

例、初めに普(二)を得て後加美(三)を得ば、即ち普は二の數、加美は三の數で、之を合して五の原數を得る。而してトする事が假りに人事ならば、其人の年齡或は日子等の數を加へるのに、例へば十八歲の人ならば前の五を合計すると二十三となり、其二十の大數を棄てゝ少數の三を顯數として、神語の三番目の次から唱へると、即ち吐一の兆に當る。故に吐、神がこの町である。

一、轉兆を見る事

轉兆とは自分の相手方の心を見るやうな場合に行ふ法で、前の例を以てすれば、初め普の二を得、後に加美の三を得たとすれば合して五である。即ち五の數は爲の位である。又更に再びこれを行うて、本體の兆を得て適當に判定する。

一、方位・季候・偶合を見る事

人間の生活に最も密接な關係をもつもので、轉居・失物・尋人・結婚等皆これによるべく本末判斷見出表に大體略解して置いたが、更に委しく之を得んには、第三篇に記述せる五行配置圖、干支と方位圖、易斷九星圖解等を照合して判定すれば明らかである。

一、配比奇相の事

普通の世上の事以外に、配比とて天・地・神・人・物の變化を知る奇相がある。これは約言せば神の行爲とも申すべきもので、心の動きを見る法である。「人といふ神に生れて居ながらも神と知らざる人ぞものうき」と歌はれて居る位で、人は生れながらにして、貴き産靈(むすび)の靈を受けて居るのに、其天稟の性を離れて或は私慾に目が眩(く)らみ、或は目前の享樂(けうらく)に耽(ふけ)つて前後を忘却する。人生の運命は、これに依つて總て決するのである、略式判斷ではこれを簡易に解説して置いたが、更に本體に入つて眞の判斷を考察するには第三篇の奇相判定の法をよく了解し、正理の順によつて習得せられたい。而して更に其奧義を究めんには第二篇に掲げたる龜卜を行ひ、龜相占辭の正釋によつて神意を卜問ひ、神典に通達して自然によくこの神理を體得せらるべく、神意に對する信念を厚うして所謂神人一體の境界に入つて愈々其神理を自修せられんことを望む。

さて太兆龜卜の活動は、太元の吐普(とほ)神咲爲(かみえみため)の神語と、一二三四五六七八九十の數理によつて火坼(やけめ)の食(はみ)（龜甲代では靈璽の動き）によつて二十五象となり、又奇相の五を乘じて百二十五となり、五行、方位、季候等皆之れに從つて居るので、これを表卜兆(おもてぼくてう)と云ふ。更に百二十五が倍數に變化して二百五十となり、これを裏卜兆(うらぼくてう)といふ。故に總てを併せて四百の兆體となる。此略式判定に於ては先づ五の活動した二十五兆の判定を示したに過ぎぬので、他は大體了得出來る程度の解釋を附加して置いたから、病兆判や方位數順の解釋によつて考察せられ、更に易斷の卦繫を加へてあるから色々に其變化を見て判定するのがよい。又病相(びやうさう)に就ても第三篇の人體配比表によつて其意を知ることが出來る。

略式甲代卜兆器

（初メ振動シテ得タル町ノ本トシ下ニ覺エ次ニ振動シテ得タル町ヲ末トシ上ニ覺エ神語又ハ色別ノ判斷見出表ニヨリ判定ス）

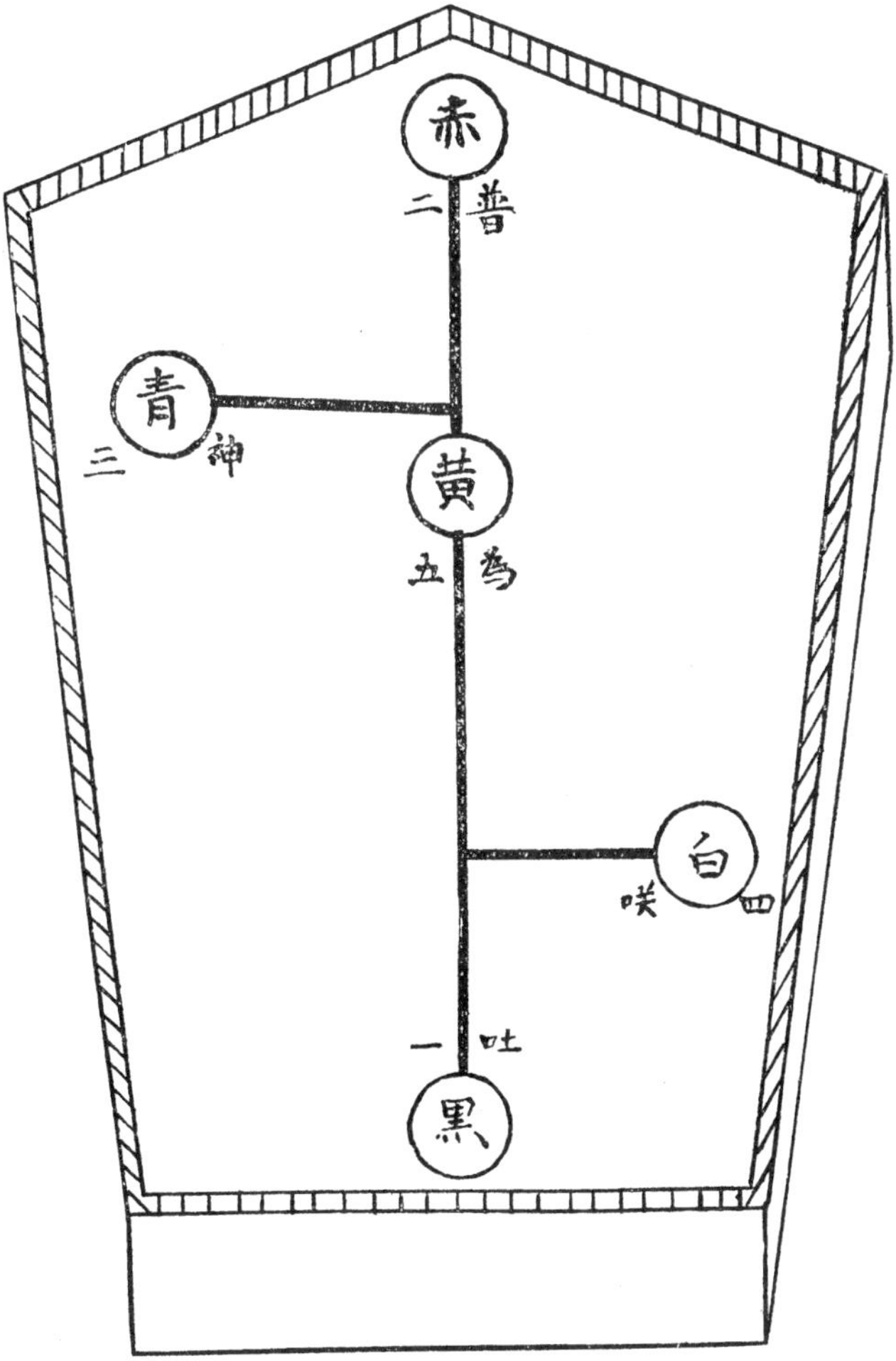

# 本末判断見出表

| 番 | 末 | 本 | 頁 |
|---|---|---|---|
| 一 | 吐● | 吐● | 一三七頁 |
| 二 | 普● | 吐● | 一四一頁 |
| 三 | 神● | 吐● | 一四五頁 |
| 四 | 咲○ | 吐● | 一四九頁 |
| 五 | 為● | 吐● | 一五二頁 |
| 六 | 普● | 普● | 一五七頁 |
| 七 | 神● | 普● | 一六一頁 |
| 八 | 咲○ | 普● | 一六五頁 |
| 九 | 為● | 普● | 一六九頁 |
| 十 | 吐● | 普● | 一七三頁 |
| 十一 | 神● | 神● | 一七七頁 |
| 十二 | 咲○ | 神● | 一八一頁 |
| 十三 | 為● | 神● | 一八五頁 |
| 十四 | 吐● | 神● | 一八九頁 |
| 十五 | 普● | 神● | 一九三頁 |
| 十六 | 咲○ | 咲○ | 一九七頁 |
| 十七 | 為● | 咲○ | 二〇一頁 |
| 十八 | 吐● | 咲○ | 二〇五頁 |
| 十九 | 普● | 咲○ | 二〇九頁 |
| 二十 | 神● | 咲○ | 二一三頁 |
| 二十一 | 為● | 為● | 二一七頁 |
| 二十二 | 吐● | 為● | 二二一頁 |
| 二十三 | 普● | 為● | 二二五頁 |
| 二十四 | 神● | 為● | 二二九頁 |
| 二十五 | 咲○ | 為● | 二三三頁 |

# 第二章　判斷二十五解

## 一、吐吐　黑黑

神語　卜兆　吐宇流簸斯

吐に切れ、吐に留り、地より天に動いて顯れんとする相。

神典　大名牟遲神、從成出行給象

後に大國主神となり、國土を經營し給ふべき大望と經綸とを持ち給へる大名牟遲神は、流石に何事にも群を拔いて隱忍自重し給ふのである。此條は因幡の八上郡の美女八上姫を娶るべく、御兄弟八十神等競うて旅立ちし給うたに、此神は御一行の最後に大きな袋を負うて荷持ちとなられ、御風采も一段劣つて從ひ行かれたが、途中先行の八十神等に欺かれて泣き悲める赤裸の白兎を、心からなる御仁心で助けられ、蒲の花を以て治すべき、靈艸醫藥の法を教へ示された、今も尙ほ因幡に白兎神社といふ遺跡が殘つて居る。又目的地へ着いては、八十神等に打勝つて却つて御自分が思はぬ八上姫を得給ふなど、たゞかりそめの一小事にも治國の大神としての徳を積み表はされたのである。殊に隱忍の度量と、修養と發展の爲めには、あらゆる苦痛にも堪へられた大神の意を思ひ合すべきである。

## 卜兆判

此象を得たる人は其恒とする處を守つて志を屈せず、堅固に身を愼む時は必ず能く其素志を遂ぐることを得、常に志を信に持ち、親や長上に仕へて孝順に、學問藝術にはよく困苦に耐へて、其道を勵む時は、必ず成功發達するが、無暗に功をあせつて急に事を成さんとせば、自然己が智巧を用ひて邪惡に走る樣になり、又私慾に動かされて人を欺く事となるから、よし一旦は事成るが如きも、終りまで保つこと叶はずして、却つて大きい損失や艱難を招くに至る。故によく恒を守り愼まざれば大凶に變ずるのである。

殊に親しき人と爭論するか又は婦人或は目下の者について難義迷惑のかゝることがある。諸事我意を棄てて人の意見に順へばよし。

病の人は邪熱ありて内訌(ないこう)するので、心氣常に憂苦する症である。

## 雑兆

| | | | |
|---|---|---|---|
| 數順 | 一 | 一 | 榮 |
| 方位 | 北 | 北 | 北方坎水 |
| 季候 | 冬 | 冬 | 地中含陽 |
| 偶合 | 水 | 水 | 和比中和 |
| 配比 | 地 | 地 | 上地下地 |
| 易斷 | 坎 | 坎 | 坎爲水 |

**數順** 一一、一から一に表はれて榮の意である。一は萬物の基で富貴・健全を得る象であるから、他に轉換してはいけない。よく初めを守らなければ二の迷數と變ずる。

**方位** 北北、北の正面で常に地下に屬する。失物・尋人等は生物ならば山、器物ならば水邊である。其他方位上の事は之の理に從ふ。家居には門・入口・窓等は凶、便所・井戸・竈等は病を招く方位である。

**季候**　冬冬、北方坎水といひ、二陰一陽を包むの節で、嚴寒であつても既に地中陽氣を生ずるので春に近づくの意である。

**偶合**　水水、水の兩性で和比中和である。但し水の性は溫和のやうであるが荒れる事が多い。外貌は柔和であるが內心は剛强であるから、心の持ち樣が肝心である。

**配比**　地地、上地下地で國民上下に跳梁して君德枯るゝの相である。人事は地は地を存して動かず物の廢ちる意である。望事、他の心と合ひ難いから充分熱誠を以て當らねばならぬ。出產は、男子。

相場、急落の意あり注意肝要。

**易卦**　坎坎　☵☵　坎爲水

二人水に溺るの卦で、寶を載せて舟を破るの意である。坎は陷るの義で、陽の陰中に陷るのである。水の性たるや溫順であつて親しむべきも、一旦これを處理する道を誤つた場合は、忽ち畏怖すべき被害を蒙る、家を壞し人畜を溺死さすに至るのである。

## 二、普吐　赤黒

神語　卜兆　吐游琉怡多

吐に切れ、普に顯はれ、吐の相が盛んに發するので萬物を造化する相。

神典　皇靈二神、萬物造化給象、

高御産靈・神御産靈の二神は天御中主神の兩儀であつて、造化の三神と申上げ太元の始まりであつて、靈妙なムスビの御徳を備へ天地萬物生成する御魂であらせられる。この靈徳によつて軈て可美葦芽比古遲神の出現となり、漠々たる宇宙は天と地とに別れ、天常立神は天の極、國常立神は地の極に出現して太極兩儀陰陽の兆神代七代の神に表はれ、愈々伊邪那岐・伊邪那美の神相唱和となつて、遂に大八洲國の國生みに進んだのである。即ち皇靈二神の産（ムスビ）の作用が、發しては有形の物となり、入つては無形の心裡を生ずる。斯くしてこの金甌無缺の皇御國の修理固成を達成せられたもので、この發祥の美はしさは幾千年を經たる今日、世界人類の生命の裡(うら)に躍動(やくどう)して息(やす)むことが無い。神語(しんご)にも吐(と)に切れ、吐(と)に顯(あら)はれるので、天御中主神(あめのみなかぬしのかみ)に切れて、天御中主神の御魂が正(まさ)に顯はれられた形の意である。

## 卜兆判

この兆は百事通達して物の初めをなす義であるが、未だ其形を成して居ない。心の裡(うち)に思ふ事があつて人に其事を言ひ明かさず、患難(くわんなん)の中に歡(よろこび)を開き、暗中から光明を發するやうに、追々と幸運に進んで、凶は散じて吉に向ふ時である。

又從來から未だ成し遂げない事業も其舊を守つて動かず、辛抱して居れば自然に其宜しきを得るのである。物事總て始めを愼(つつし)み、輕々しく事を爲(な)さない樣にするのが肝要である。

又通するの意であるから、急速の事はたとひ成るやうに見えるが完全に成つたのではない。永遠の計劃事は後必ず成る。

又心に迷ひを生じてはならない。又餘儀ない人と圖らず親しみを結ぶの意がある。

或は官途(くわんと)其他就職の望みのある者は眞面目にして居れば、貴顯(きけん)の助けを得て思はぬ立身(りつしん)をなし幸福(かうふく)を得ることゝなる。引續いた事業も一時懈怠(けたい)の念を生ずる事があるが押切(おしき)つて進めばよい。

直を邪に正を僞に依る如き吉凶異變の生ぜない樣に心がける事が肝要であり、急進する心を深く戒め、着實に事をなすがよい。

病の人は陰陽不㆓未相和暢㆒と云ふ場合で、氣血の昇降度を失し、腹中和氣を缺くので病狀に發作があつて大小便が澁滯したり、腰氣痛がある。

## 雜兆

| | | |
|---|---|---|
| 數順 | 二一 | 廢 |
| 方位 | 南北 | 正陽正陰 |
| 季候 | 夏冬 | 節相反 |
| 偶合 | 火水 | 相剋 |
| 配比 | 天地 | 高下分岐 |
| 易斷 | 離坎 | 未濟 |

**數順**　二一、一から二に至るので廢といふ。二は獨立の力がない夭折の凶惡數で、一から二と進む本動きは漸次事に順ふが、二一のやうに末動きは一旦事成つても後悔がる。

**方位**　南北、北から南に至る壬癸に起つて丙丁に至る正陽正陰の位で、陰陽共に附隨して吉方である。

**季候**　夏冬、冬より夏に及ぶ節を超えるので春秋は何事もよくない。

**偶合**　火水、水は火を剋して凶である。水上に火があつて水火相交らない。

**配比**　天地、上天下地で君德上に榮えて國民下に樂む相であるが、普通事は高下分岐である

望事、未に成るが吉、結婚、成り難いが後安い。

相場、保合で利其中に在り、

**易卦**　離坎　䷿火水　未濟

未濟は失である。上に離火あつて下に坎水に止まるので半吉である。曉光が海に浮んで居る象で丁度果樹が花落ちて實を結ぶの意で、物の成就する卦であるが未だ用をなさぬ形である。人と交はつて事を起すには吉兆である。

## 三、神吐 青黒

神語　卜兆　吐余唎咩(とよりめ)

吐に起って、加美(かみ)に切れ、愈々更新して伸びる相。

神典　伊邪那岐神、夜見國從歸給象(よみのくによりかへりたまふかたち)

伊那邪岐・伊邪那美二柱の大神が天神の命(あまつかみのめい)を以て、既に修理固成の實(じつ)に就き給ひ、國土を生み更に進んで山川草木の神々を始め、苟くも人のため利生更生の資となるべき物を司る神をも生み給うたが、最後に火神迦具土神(ひのかみかぐつちのかみ)を生み給ふに及んで、遂に天隠りになったが、男神が黄泉國(よもつくに)まで追ひ慕ひ給うたが及ばないで、遂に黄泉比良坂(よもつひらさか)で石を中に隔てゝ女神と對立し、顕幽二界(けんゆうにかい)の事度(ことど)を定めて、所謂(いはゆる)死生の分界を立てられたのである。これは將來人間の生々繁殖(はんしょく)の基(もとゐ)を定められた譯であった。

かくて伊邪那岐神は飜然(ほんぜん)、生の我に歸つて顕界に歸り着き給ひ、忽ち我が身に感じられた死穢(しゑ)

を筑紫日向の阿波岐原で御禊によつて清め正された。先づ身に着けたる一切の物を捨てて形を清められ、次で上中下の瀨に於て身心の御禊を遊ばして、八十禍津を去つて更に大直日・神直日の清く美しき心を得られ、最後に天照大御神、月讀神、素戔嗚神の三柱の主要神を生々遊ばして、茲に完全に光輝ある皇國の統治權を確立し給ひ、神・君・國三位一體不離の基礎はなつたのである。

## 卜兆判

屈したるは伸び、欝したるは開き、籠鳥空に歸り、網魚海に逃れたが如く、總て患難を出でて窘苦を脫し、萬事成達をなした時である。依つて何事も躊躇せずに進み行くがよい。

然し僅かの私意に迷うて、小慾に耽り、果斷の念を失ひ、その誤りを反省して斷乎從來の方針を改めるの擧に出でない場合には益々凶相に陷つて、總ての時機を失し損を招き、後悔臍を噬むも及ばないことゝなる。故に一旦事を求め物を望む上は、決して他を顧みず專心其事に從ひ正邪順逆を正して進めば萬事吉である。但し油斷から事を誤るの意があるから、深く注意警戒をせねばならない。

又心は急げども餘義なき故障が起つて、思ふに任せぬ意もある。又親近の者と死別し、親しき友と離れることも起る。反對に他の力を得て都合よく望みを達することもある。殊に母親の身邊に重大な災難が起る相であるから充分の注意が必要である。

病の人は氣欝症で濕氣を受けて腹痛がある。又總て心痛から發する病であつて、老人は中風麻痺の症、婦人は血積或は心虚の患がある。

## 雑兆

| | | | |
|---|---|---|---|
| 數順 | 三 | 一 | 失 |
| 方位 | 東 | 北 | 艮鬼門天照 |
| 季候 | 春 | 冬 | 節相反 |
| 偶合 | 木 | 水 | 相生 |
| 配比 | 神 | 地 | 神地守護 |
| 易斷 | 震 | 坎 | 解 |

**數順** 三一、一から三に至る大吉の數である。三位一體、一理三元も皆この數理に叶うて居る。此

數は前後共に吉の理で、三は大事大業を貫徹し、叡智明敏、立身出世する達運の數である。

**方位**　東北　北冷から春暖に向ふので順位である。東北艮、丑寅で鬼門天照で、表鬼門は一ヶ年の終始を意味する。家居では入口、地面の張出最否、井戸便所は皆凶である。但し天照であるから神社には吉方である。

**季候**　春冬、春の節が再び冬に返るので季に關することは凶である。

**偶合**　木水、水は木を相生じて吉である。家内和合し福を來たすの兆である。

**配比**　神地、地を以て神に對するので神の守護があつて榮え存する。然し場合によつて地が天に反することゝなつて強過ぎるので、望事は中途に惡しきものがあつて阻隔し、訴訟事は長引き、結婚は夫を尅する相、相場は强調なれど下落迫るので改めて後よい。

**易卦**　震坎　䷧雷水　解

解は散である。惡事消散し雷雨起り、屈したるもの伸ぶる象があり、又川を渉つて未だ乾かず雷雨後散ずの意である。又釋事屯難とて物事散じ去るの義である。然し遲滯して通じ難く、速かに消散し難き事もあり、物事猶豫懈怠なく進めば吉である。

# 四、咲吐　白黑

神語　卜兆　吐余瀬哆理

吐から依身に切れ、泉に入つて窮するの相。

神典　大國主神蛇室屋困給象

大國主神が中つ國の御經營に當られるのは容易の事でない。其間、この顯世における在ゆる辛苦の試錬を受けて不撓の大精神を鍛へられたので、所謂人間界生々の理を究めんとしては、この顯界と更に幽界たる根の國との關係を究むる必要が生じて來て、爲めに一旦身を幽界に沈め給うて、黄泉大神からの試錬に耐ふるべく色々の手段を受けられたのである。例へば蛇の室屋に入れられては、蛇の振物を用ゐて助かる道を得給ひ、蜈蚣と蜂の室に入れられては又之れを掻き拂ふ振物を得給ひ、猛火に包まれては遁火の術を得給ひ遂にあらゆる死の試練に折勝つて、聽て黄泉國の至寶である、生太刀、生弓矢と天詔琴とを持つて再び顯國に歸り給うたのであつた。かくて國民蒼生の上に其生を保つべき至寶を適用して醫藥呪咀の法を教導し大功を奏せられたことは誠に有難く尊い事で今以て全國津々浦々に及んで大神の徳を仰いで居る。殊に大國主神は素戔嗚命六世の御孫であらせられ、此大神によつて神御産靈神の有形終焉の御意志を完成遊ばされ、國土の經營に當られ、功成つて遂に之れを皇孫に御奉還になつた神意は尊い次第である。而して永く出雲の地に神鎭りになつて顯幽の分限を守り給うたのも皆深遠宏大なる大理想の表現である。殊に生弓矢・生太刀・天詔琴は、皇室の三種の神器に對すると同樣、幽界の至寶であつて今尚ほ鎭魂歸神の靈威にましますのも、深い理があるのである。

## 卜兆判

吐から依身の方向に切れたる形は、普たる天に向ふべき何物もなく、直ちに咲の感情に入つた譯で、今時は何事をするも整はないの意である。

又性急に事を成さんとすれば故障が多く、或は住居を離れ、親しきに遠ざかる事となつて、總てに凶の象である。然しよく己れの困しみに耐へて時機の到來を待てば、必ず後によい結果を生ず、無暗に氣をあせつて困窮を脫せんとすれば、却つて志亂れて益々困しむ事となる。よく忍耐して困窮に耐へ忍び、邪正僞實を明にし、確乎たる精神を以て時の來る迄自衞するが得策である、此兆の神典解の如く大國主神が顯幽兩界にあつてあらゆる艱苦を嘗められたやうに現在どんな辛苦に遇つても一の試錬と考へよく耐へ忍べば必ず他から救助があつて悦びに際會する。

又總て色情及び勝負事の類を愼むことが肝要である、又心中に不義不正を懷くやうな人がこの兆を得ば、近きに必ず災害が來るものと知るべく、常に戒心を失はないことが肝要である。病の人は心胸を痛め、長病は持病であつて時候の觸れて發熱するか又は困窮から發する症。

## 雜兆

| | | |
|---|---|---|
| 數順 | 四一 | 危 |
| 方位 | 西北 | 戌亥天門 |
| 季候 | 秋冬 | 節相順 |
| 偶合 | 金水 | 相生 |
| 配比 | 人地 | 地人遠天 |
| 易斷 | 癸坎 | 困 |

**數順**　四一、一は生數で、四は成數である。危の形であつて物事よく治まるやうで、後必ず破れる四は破壞滅亡の暗示で、油斷すると忽ち困窮に陷る。

**方位**　西北、戌亥である、卽ち西北天門であつて天に屬し、保食神の守護地である。家居には戌亥張出しは財寶の惠があつて吉であるが、便所は不定の相である。

**季候**　秋冬、秋から冬に至る相で、嚴寒の氣に閉づるから陽氣が少なく憂鬱である。

**偶合**　金水、水と金は相生するので吉である。家内和合して財集まる。

**配比**　人地、地の德、人に及ぶ意であるが神と天に遠ざかつて、賴るもの少ない。心の放逸を取締るべき神の助けが無い、結婚、婦人の媒介によるべく、望事、下に妨げあり迷に入る、相場は進退共に空しで舊を守るべく、下る事多い。

**易卦**　兌坎、䷮　澤水、困

困は困窮である。澤は止る水で、水動くも受くる處に限りがあつて、澤の下に一陰缺けて坎となる。則ち澤水下に漏れ流れて止まらない爲めに困窮痛心の形である。鴉が枯木に啼いて澤中脫混の意で鴉が枯木に啼く淋しい冬枯の空に、澤の水が動かないで、餌に乏しい象である。

## 五、爲吐　黄黒

神語　ト兆　吐游瑠斯（とゆるし）

吐（と）から切れ起って、爲（ため）に至る搖（ゆ）り動くの相。

神典　葦原醜男神（あしはらしこをのかみ）、顯國歸給象（うつしくにかへりたまふかたち）

大國主神が葦原醜男神（あしはらしこをのかみ）と申上げた時代に、中つ國では御兄弟たる八十神等の爲に散々な憂目（うきめ）に遇ひ、根の國では黄泉大神（よつおほかみ）の爲めに、ありとある艱難を甞（さ）め盡させられて、殆んど浮世の無常を味ひつゝ、再び中つ國に歸り着き給へるが、流石多年の試錬に天（あま）つ晴れ大國の主たる御器量を作り上げ給うて、遂に國土經營の大功を奏し給ふたのである。即ち其神格に依って、又功業に依って、御名を稱（た）へまつれば、先づ八千矛神（やちほこのかみ）の時代、葦原醜男神（あしはらしこをのかみ）の御時代、大物主神とならせ給うた御時代、大國魂（おほくにたま）といひ、顯國魂（うつしくにたま）と申して居った時代は、皆命が此國土の經營に力を盡くし給うた御徑路を語り稱へ奉った譯で、最後に天孫降臨された皇御孫命（すめまのみこと）に此國土を奉還して以來、御子神たる事代主神外百八十六柱の諸神と共に安靜に御隱退遊ばされ、永く皇室の護りとなる由を誓ひ給ひ、自らは出雲の杵築宮に鎭り座す外、全國到る所に守護の遺蹟を止めて、或は鎭守神となり或は氏神となつて偉大なる神德を遺し給ひ、殊に此神を尊敬する餘り、大黑天とも稱し、御子の事代主神を惠比須とも稱へて共に福の神として崇め奉られて居ることも全く偶然でないのである

## 卜兆判

是まで種々實意を以て爲して居る事も一向其眞意を認められず却つて惡意に思はれて居つたが漸くその實意が顯れて信用を恢復し、目上の助力を受けて幸運の域に向ふの兆である。然し無暗に安神してはいけない。將來の成功は智力上の修養に俟つのであるから着實に勤勉しなければ再び凶に變じて諸事大敗を取ることゝなる。

概して人は小成すると忽ち慢心を生じ、周圍の意見を用ひず、又、德望なき者は小事の私憤に驅られて邪道に進み、遂に身を亡ぼし家を失ふに至る。故に動くには必ず節義を重んじ、愼重に事を行はねば、最後の勝利を得ることが出來ない。諸事よく義理を辨へて、沈着に宏量の態度を以て進むを宜しとす。

殊に此象は人の意見を聴かない頑強な意があるから、油斷や慢心してはならない。

又親しき人の爲めに損失・心勞をすることもある。總じて新規の事は勞して功がないから、可成手出しをしないがよい。眞面目に舊事を守るに利がある。

又住居の爲め或は家作・經營等の事に關して窮苦することがあるから注意が大切である。

病の人は心氣鬱結して心腹時に痛みがあり、又腹中に塊物を生じたり、時に發動して痛む。

## 雜兆

| | | |
|---|---|---|
| 數順 | 五　一 | 中元 |
| 方位 | 中　北 | 北中宮 |
| 季候 | 土用　冬 | 節土用 |
| 偶合 | 土　水 | 相剋 |
| 配比 | 物　地 | 唯物傾 |
| 易斷 | 艮　坎 | 蒙 |

**數順**　五一、五も一も共に生數で將に何事も生じて發せんとするの數である。故に事を起すに適す

る。五は家庭和合、物事自然に集中する吉數である。但し無暗に大望を抱く癖があり、他出して成功福運を得る相である。

**方位**　中北、北方は大陰に向うて凶である。然し九星運行を見て其年の巡運に從へばよい。

**季候**　土用、冬、冬から土用の節に入るので節相反するを以て何事も暫らく時期を待つのがよい。

**偶合**　土水、土と水は相剋して大凶である。家内不和・病人・口説が絶えない。

**配比**　物地、地に物を生ずるので順であるが、人が直ちに之を受けては却つて毒となる。先づ神に伺つて事をなせば榮達する。結婚、今一時妨げがあり、望事、今直ぐなり難いが後人の取持ちによつて達する。

相場、保合である。

**易卦**　艮坎　☶☵　蒙

蒙は昧である。山に水が出で而も未だ長流しない、停滯反覆して其行先が定まらないで、迷ひを生ずる象である。艮は山で登るに難く、坎は嶮で下るに易からず、卦は物に疑惑があつて、思案決定しない。何事も自己の一料簡を捨て、上長・父兄の異見に從ふのがよい。現在物に疎隔があるが、後必ず發展成功する。

## 六、普普 赤赤

神　語　卜兆　普宇流簸斯(ほうるはし)

普(は)に切れ天上に顯れ、無から有を生じ、四方に照射するの相。

神　典　須佐之男神(すさのをのかみ)、太刀得給象(たちをえたまふのかたち)

須佐之男神が出雲國簸(ひ)の川上(かはかみ)で國津神(くにつかみ)、足名槌手名槌(あしなづちてなづき)の危難を救はれるために、八頭蛇(やたのおろち)を退治された時、圖らずも一の寶劍を得られたので直ちに之を高天原の天照大御神の御許に獻ぜられた。即ちこれ三種神器たる天叢雲の劍である。先に須佐之男神は高天原に於て勝佐比に任せ天津罪・國津罪を犯されて、遂に八百萬神から、祓を負はせられ千位置戸(ちくらのおきど)の解除(かいじょ)を受けて、下界に追放され給うたのであったが、其以來翻然前非(はんせんせんぴ)を悔ひ悟られ、善行を積まれた甲斐あって、嚐て三種の神器の一たる寶劍を發見し獻上して忠誠を表はし得られたのである。然もこれによって櫛名田姫(くしなだひめ)を得給ひ、心いと曠(にが)らかに出雲の須賀(すか)に新宮を建て、八重雲の瑞祥の中に、須賀々々しく盛大な結婚の式をさへ擧げさせ給うた。かくて永く出雲國は大神在住の地と定まり、御一系は繁衍を重ねて、遂に六世孫に至つて大國主命の出現となり、玆に完全なる國土經營の果を結び得て美しい御國讓りとなつたのである。此段は卽ち須佐男神が神劔を得給ひ、之を獻つて皇統の神器とせられた處に、三柱貴子分治の大理想が表現された譯で、御國讓りの後、過去將來を通じて永遠に皇室守護の神となられたのも、皆宏遠なる御誓ひの表はれである神典の心をよく考察すると實に深い。

## 卜兆判

總て人の道は明を尊み、不明を卑しむこれ自然の理である。人は根本素質に於て善である。何事も明らかに照すべき正しき心を持ち乍ら、私心に壓せられて移り易く間違ひを生じ爭を起す。賢者は明を以て正に移し、小人は利に眩んで不正に移るの理である。同じ事でも賢者と不賢者とによつて判考が異なつて來る。言へ換へれば人は天賦の良智良能があつて瞭々たるべきであるが多く慾のために邪道に進み、惡道に伸びるので、折角の照光も曇つては何の役にも立たないのみならず、貴重の生命をも失ふに至る。依つて身を高振らず長者の命に從ひ勇氣を以て物事を爲して行けば、後必す意外の幸福を受け得られる。

又仕家に不滿が生じて俄に他に移らんとする氣が出るが、必ず見合はす方がよい。或は物の間違ひから愁苦を招くに至ることもあるが辛抱すれば其誤解は解ける。

又此兆は藝術・學問の道で身を起して行くのが最も適して居る。又官途にあつては、身を高振るの風があつて却つて徳を失ひ人から嫌はれることがあるが、それは一時の事で、軈て實意を知られてからは却つて人によく了解せられて安心を得る事が出來る。

病の人は憂愁して心氣を勞し、或は心熱内に伏して頭重く、疳氣強くして人を疎んずる症。

## 雜兆

| | | | |
|---|---|---|---|
| 數順 | 二 | 二 | 亡 |
| 方位 | 南 | 南 | 正南火 |
| 季候 | 夏 | 夏 | 眞夏麗 |
| 偶合 | 火 | 火 | 和比中和 |
| 配比 | 天 | 天 | 天陽極 |
| 易斷 | 離 | 離 | 離爲火 |

**數順**　二二、二は獨立の力なく、四は破壞の數である。亡といひ共に困難に終る凶數であるから何事も控へ目を可とする。

**方位**　南南、眞南は凶である、稍巳の方に向へば大吉となる。

**季候**　夏夏、眞夏で常に輝く。人は靈魂が肉體に輝いて成れるものであり、森羅萬象の有性無性皆物に麗ざるはない。故に此間たとひ辛酸苦痛があつても此季節の努力を傾注すべきである。

**偶合**　火火、火は物の起りで、之れに屬するものが最も多い。但し火火は和比中吉で強過ぎる。尤も火は麗明であり、天に麗いて日月星辰と見、其精氣は土に輝いて五穀草木を發生するのである

**配比**　天天、天の列びは陽の極で、君德上下に輝き熾烈であるので、常に心苦堪へないで家宅安からず、結婚は成難く、望事は早く成るが末惡い。

相場は混戰、陽の極で昂騰する。

**易卦**　離々☲☲　離爲火　麗

離は麗である。一陰二陽の間にあつて附麗するの義である。火はもと陰にして本形無體であるが物に付いて初めて形を表はす。又陰陽を麗すといふて、必ず光明を表すので其德を明と爲す其象爲レ火者陽氣麗ニ陰質一而明也とあるので、何事も先づ達成するが、よく後事を考へねばならぬ。

## 七、神普 青黑

神語　卜兆　普宇美周流(ほうみする)

普より起ちて、加美に切れ、愈々事を擴めんとする相。

神典　神倭磐余彦命(かむやまといはれびこのみこと)、皇軍起(いくさをおこしたまふかたち)給象

神武天皇が天祖の御理想を繼承して之れが實現に努力完成遊ばされた英主であらせられる。父祖彦火邇々杵命(ひこほのににぎのみこと)降臨の日向穗觸(くしぶる)の宮地では、中つ國の政を牛(しろしめ)けく知食すに便でないので、皇議一決日向を發ちて降臨の地を大和に遷し給はんとせられた。この御船出こそ、光輝ある三千年の歷史の第一頁を飾るべき雄圖である。先づ椎根津彦(しひねつひこ)の奉公の誠忠に一路平安大和へ向はせ給ひ、皇兄五瀨命(いつせのみこと)の悲しき雄たけびは日本建國最大の恐懼であったが、神倭磐余彦命(かむやまといはれびこのみこと)の御雄圖は皇舟漂蕩(へうたう)も事ともし給はず、日を負ひて立ち、途を熊野に向はせ給ひ、高倉下の布都御魂(ふつのみたま)の靈威と、八咫烏(やたがらす)の靈導(れいだう)によって、遂に畝傍(うねび)の橿原宮(かしはらのみや)に鴻業(こうげふ)を樹て八紘(はつかう)に光臨し給ひて紀元第一年を定め給うた

のである。誠に金鵄の輝きと鳥見の靈時と紀元節とは、仰いで皇位の彌高く有難き極みを拜し奉るべきで、畏くも此象を得たらむ人は歡喜して深く其意を奉戴すべきである。

## 卜兆判

此兆は事理に臨みては何事も躊躇することなく進むことが肝要である。動いて益々明德を盛大にする象である。兎角常人は盛大の時は浮華傲慢に流れて勤め働くことを怠り、徒らに其機會を逸して遂に進むも不利、退止するも失敗するに至る。故に宜しく人の意見忠告を聽いて行動をなし、儉素に身を持ち、我儘を愼み正直に事を計れば必ず諸般の事成就する。然も無暗に動くこと計りを考へ輕卒に事を爲してはいけない。

又百事半途にして非常の困苦に逢ふ事があるが必ず耐忍して進むべく、恰も神武天皇が吾れ日の神の子にして日に背くは道に非らずと氣付き給ふや、直ちに皇軍を引率して道を熊野に迂回し理の正しきに就き給ひ、然も百難の困苦に堪へて遂に大和を平定し肇國知らしめ給へるをよく考へ合すべきである。

又親子兄弟又は親しき人の爲めに金錢上の損失あるか憂苦する事が生ずる。左右に物ありて進退谷るの意もあり、賢者と小人とにより本末の動きに非常な違ひを生ずるから、よく吉凶是非を判考して進むを要す。

諸掛合ひ事は我が味方に委すべき人があれば其人に任せ置く方が利である

病の人若し急症であれば甚だ危しと見るべく、婦人は貧血、老人は健忘で諸病難治の症である。

## 雜兆

| | | | |
|---|---|---|---|
| 數順 | 三 | 二 | 爭 |
| 方位 | 東 | 南 | 辰巳風門 |
| 季候 | 春 | 夏 | 季節聰明 |
| 偶合 | 木 | 火 | 相生 |
| 配比 | 神 | 天 | 神靈遠人 |
| 易斷 | 震 | 離 | 豐 |

**順**　三二、二から三に反る數で其歸する所が大きい形で、歸聚して歸るといひ、初めは爭であり二の凶數に最も注意すれば後必ず成功する。

**方位**　東南、東は震で長男東方にあり、辰巳風門であつて青龍權現守護の所といふ。此方位から稍々右の方に福運吉祥がある。家相では入口張出しは大吉である。

**季候**　春夏、夏から春に反るのでや丶變調である。但し春も夏も萬事發生を司どる仁德を備へて萬物を育成するので其性聰明で威儀敦厚である。

**偶合**　木火、木は火を生じて大吉である。

**配比**　神天、天が神につくの意で、未だ完全に人に幸するに至らない。人は神を敬してよく天に從ふべきである。結婚、婦夫を尅す。望事、初め成らず。失物、生物は山器財は堀水にある。相場、陰陽一新奔騰の兆がある。

**易卦**　震離　䷶　雷火　豐

豐は盛大である。物滿ち極まれば衰ふの始めをなす。上が震にて動き下が離で明かであるのは俊隼が雉をとるの象で、常に油斷が出來ない。

又殘花待雨の意で時を俟つがよく、無暗にあせつてはいけない。又日、中天に附いて居るから、暗に背いての明かである。盛大なる勢であるが餘り鋭ど過ぎて却つて其形を失ふ意となる。譬へば水中の月の如くに、目に見えても手に取ることが出來難いやうなものである。

## 八、咲普 白赤

神　語　卜兆　普佐羅毘多(ほさらびた)

普(ほ)に起ち依身に切れ改め變ずるの相。

神　典　伊邪那美命(いざなみのみこと)、言先立給(ことさきたちたまふのかたち)象

伊邪那岐・伊邪那美の二柱の神は各誘(いざな)ひの男神(をがみ)・誘ひの女神(めがみ)に在らせ給ふ。此二柱神が天神の命を以て先づ天浮橋(あめのうきはし)に立たれ、漠々たる八重雲のうちに下界(げかい)を見下(みお)ろし給ひ、雄偉濶達(ゆうゐくわつたつ)、天の沼矛(ぬほこ)の一滴(いつてき)、乾坤(けんこん)、凝つて自能凝呂島(おのころしま)を造成し給ふ。先づ此島に天降りまして八尋殿を廻立し、愈々國生みから始まつて修理固成の緒に就き給うたが、不幸其第一歩に於て女言先立(をみなことさきた)ちし給ふ不祥を來し、天業の道に適(かな)はなかつたので、不完全なる蛭子(ひるご)を生み給ふに至つて葦船(あしぶね)に入れて流し去られた。そこで再び天上に參上り天神の御許に至り玆に嚴正なる太兆の判定によつて瑞兆を得られた。そして改めて地に降られ正しく修理固成を完成されたのである。

之れ全く自己の小我を捨てゝ國の大我に就き給うた惟神で、國土經營の公議に私情を許し給はず、嚴然天下の公道に就き給うたので、男尊女卑たる東洋倫理の根源は玆に備はつたと云へる、又人間の小智を捨てゝ心を空にし、敬うて神の意を卜問ひ給うた信頼の誠である。これ一に太麻邇の起源であり、神爲卽人爲の根本原理をなすものである。神ながらのこの思想も卽ちこの溫良な國民性も一に我を捨て、正に就くの理に淵源する。

## 卜兆判

樹木落葉して春季を待ち、更新するの意である。然し改め變じても直ぐには實効の顯はれない兆であるから、邪正僞實の行動をなさず、心を正しくして事に當り眞實貞正に身を處して行けば自然と上長の引立を受け幸福吉運に向ふ。

或は和を破り、住居を退き艱難迷惑することがある。

此兆は兎角何事も女に依つて事を破るの意であるから、此點は豫め防ぎ置く必要がある。

又萬事に複雑な事情が生じて、今日か明日かと心に持つ事が出て來る。然し何れも功成るに近いから安心してよい。物の盡きて始り、破れて又整ふの義もあるから、總て人と相談するがよい。

又逆に當方の事には離れ、先方の事に說ぶの理がある。占者此意を分別して、よくよく病の人は神典の意味と人の性情を察知して、判定するを要す。

總て奇しき病症となつて、時に急變し、或は氣の病である。

## 雜兆

| | | | |
|---|---|---|---|
| 數順 | 四 | 二 | 亡 |
| 方位 | 西 | 南 | 裏鬼門 |
| 季候 | 秋 | 夏 | 季節順應 |
| 偶合 | 金 | 火 | 相剋 |
| 配比 | 人 | 天 | 神意祟人 |
| 易斷 | 兌 | 離 | 革 |

**數順** 四二、二も四も成數で共に大凶惡の數である。亡といふ、數位上の事は何事も凶であるから總て見合はすがよい。

**方位** 西南、未申であつて地門に屬す。裏鬼門といひ、地形全き所に金銀を蓄ふに吉であるが、表鬼門より惡い方位で家居には、入口大凶、竈は短氣の相、便所は不和の相、井戶は借財の相である。

**季候**　秋夏、夏から秋に至るので順に從ふ意で物事早く整ふのであるが、陽より陰に向ふ事であるから華々しくは行かない。

**偶合**　金火、火は金と相尅して大凶であるが、反對に火を以て金を改むればよい。

**配比**　人天、天が人に對するから或は神の守護を離れ、又は祖先の祟りを受けて災難起ることがある。必ず神を念じて信心の誠を盡せば、後良くなる。望事、成る。失物、木の下にあり、尋人、丑寅の方、結婚、始め隔あつて後成る、相場、上ヶ氣味である。

**易卦**　兌離　☱☲　澤火　革

革は改むるで變である。離の火を以て澤水を革め陽となすの理で、これ變易の道で、其交易する處極めて深い。惡を改め善と成し、生を變じて熟とするので、恰も腐草に螢火がある象で、又金を賣つて軸を買ふの意で思はぬ損失、思はぬ利得を豫想する事が出來る。

九、爲普　黃赤

神　語　卜兆　普訶玖咩哆(はかくめた)

普(ほ)より多咩(ため)に切れ、事物傷つくるの相。

神　典　伊邪那美神(いざなみのかみ)、火産霊神生給(むすびのかみをうみたまひて)神避給象(かんさりたまふかたち)

伊邪那美神が御國生みによって、國土・山川・草木を生じ給ひ、遂に身を燒かれて神避り坐して、黃泉國に御退去遊ばされた象であって、これを神典の意に考へ合すと、火の神は迦具土神(かぐつちのかみ)とも火産霊神とも申上げる神で、この神の御德による火こそは、宇宙界の活動上又人間界の生活上最も肝要な元素である。第一、人間の食うて生くべき息の根たる稲を初め、五穀を生育せしめ給ふのも、日月の輝きによって宇宙萬物生々の根源をなし給ふのも、地軸廻轉の運行も、皆この神の靈德である。伊邪那美神の「この一火(ひとつび)によって愛しき吾名妹(わがなにも)の命(みこと)を代(か)へつる」と歎(なげ)かせ給へる如き、大神のこの神避(かんさ)りには、情に於て悲痛の限りであるが、これによって萬物生育の理を生じ、一面黄泉大神となられて幽界死界を掟しめ給うたことは實に大なる宇宙造成であつて、この黄泉の大神の御活動に依つてこそ、この顯世の人々が性を感じ、善を感じ、正を感じ、曲を改め、死を惜しみ、惡をにくむ心となつて行つたのである。卽ち生死の境遇を造成するには、實に深遠なる御理想に基く理があり、かくて黄泉路は定まり、根之國の掟は確立されたのである。

## 卜兆判

この兆は內は明かであつても外は暗く、暫くは明德を掩ひ、事物は傷はるの義である。人としては誰しも此苦難は免れ難い。況んや深慮のない小人に於ておやである。智者は才德のために却つて敗れを取り、小人は我慾私利の爲めに敗れを取るので、先づ萬事凶と見て出發すれば間違はない。兎角、物事他より思はざる妨げや故障があつて成就し難い。

又目下の者から難儀迷惑のかゝつて來る事もあるが、よく堪忍辛棒すべく、殊に使用人、雇人等に注意を怠つてはならない。

又我意にまかせて無暗に進むことは非で、成るべく自ら事を起さず、着實に其恒とする處を守り遠き慮りが必要である。

親子、兄弟或は親しき人の爲めに辛苦が生ずるか、住居の事に就て憂離驚動することがある。總て俄かに志を立てゝ急に事を計るは不利である。夫婦の中にも怒りを發する意もあるから、御互に愼まねばならぬ。

又病氣、盗難の恐れがあるから、豫め防ぎ置くを要する。病の人は腹中刺すが如く痛んだり、又は耳に障りある病である。其他の病氣は大概再發の症である。

## 雜兆

| | | |
|---|---|---|
| 數順 | 五　二 | 中補 |
| 方位 | 中央　南 | 正午 |
| 季候 | 土用　夏 | 炎熱輝天 |
| 偶合 | 土　火 | 相生 |
| 配比 | 物　天 | 物體安靜 |
| 易斷 | 艮　離 | 賁 |

**數順**　五二、二から五に進むので、二は凶數で五は止まるのである。合して七となる。權柄傲慢の

爲めに内外の平和を缺く嫌ひがある。よく萬難を排して進めば成功に達する。

**方位**　中央、南、離に當って午の眞向ひである。稲荷神の守護である。家居は便所は腫物の相、井戸は失明の相、竈は逆上の相であるから避けなければならぬ。

**季候**　土用、夏、夏の順氣に向って居るので何事も躊躇せずに直に着手するがよい。

**偶合**　土火、火は土を生じ、相生じて吉である。但し子孫全からぬ相があるから注意を要す。

**配比**　物天、天が物に感ずるのであるから、所謂徳禽獸に及ぶの象で瑞祥である。結婚、女は病身望事は他人に謀るは否、訴訟は勝ち喜びあり、相場、騰力ある如きも軟化する。

**易卦**　艮離　☶☲　山火　賁

賁は飾である。艮山の上に在り離火其下に居る。山は草木、萬物の集る所で山下に火を揚げて其山上を照見するのである。

物を視て手に取り難き意もあるから、輕卒短慮であれば、損失離散するのである。

又表向を張つて虚榮に流れたり、小事に氣を痛める性であるから、此點を改めるがよい。

## 一〇、吐普　黒赤

神　語　卜兆　普佐枳玖斯宇弖

普に出で吐に切れ、普幸く進むの意に合ひ事速かになるの相。

神　典　經津主神、神問給象

天孫降臨の前提とも見るべき、高天原と國土の關係、天照大御神と大國主神との御交渉、この美談こそ全く日本神典神代の卷の賛點である。血腥き戰爭騒ぎもなく、交渉は經津主神の神問はしに終りを告げて居る。卽ち經津主神・武甕槌神、出雲國伊那佐の小濱に下り着いて、大國主神・事代主神に國讓りの御交渉を遊ばされたが、之れは元より豫期した事であつて、異議のある筈なく、順調に進んで無事に國讓りの果を結び給ひ、永く顯幽分治の政事を天孫に奉還し給うたのである。かくて天孫御降臨の盛儀となり、日向の高千穗に彦火々邇々藝命の御統治が始まり、日向三代の御治世を經て、愈々神武天皇が大和の畝傍の宮に光臨して八紘を照し給ふ御盛儀を仰ぎ、紀元第一年を印して永く寶祚の無窮を稱へ奉つたのである。殊に大國主命は出雲の杵築宮に鎭まり給ひ事代主神以下の諸神は葦原中國にあつて、皇室の近き護りの神とならせ給へる建國の大歴史を形成し、神代の御國讓りと慶應の大政奉還とが、前後三千年を隔てて同一精神から現はれた二大美事として我が國史の誇となつて居るのである。

## 卜兆判

是まで相續きたる事の俄かに變動して如何にすべきかと案じ迷ふの意であるが、目上の爲めに向つて談判等を起す事は大いに吉である。されど談判を向けられる事はよろしくない。勇氣を以て此方から進んで爲す時は、多少の辛苦かあつても必ず其功績を立てることが出來るのである。

何事も直ちに之れを行ふ時は成るの兆である。されど考へねばならぬ事は事既に成れば必ず其反動として敗散する事があるから、此點を充分注意する要がある。

又災害を未然に防ぎ戒むることが肝要であつて、賢者は遠き慮りを常に持つて居るから、志堅固で豫め其防ぎをなすから宜いが、常人は兎角安きに馴れて色慾に溺れ易く、我意私心を先とするから、よし始め吉を得ても凶に變ずるやうな事になる。親しき人と爭ひを生じ親に離れ疎に寄るの意もある。

又女の爲に難あるの意であるから、よく素行を愼しむことと、義理に引かれて人に隔てらるゝ事などがある。

病の人は四時感冒の症を兼ねて居る。輕く見えるが實は輕くない。心腎二臟に故障があるから養生が肝要である。

## 雜兆

| | | | |
|---|---|---|---|
| 數順 | 一 | 二 | 治 |
| 方位 | 北 | 南 | 兩極相反 |
| 季候 | 冬 | 夏 | 季節長久 |
| 偶合 | 水 | 火 | 相剋 |
| 配比 | 地 | 天 | 天地理反 |
| 易斷 | 坎 | 離 | 既濟 |

**數順** 一二、二から一に纏るのである。初めよく心を用ひ勤むれば、必ず事を全うし得る。

**方位**　北南、南北兩極に通ずの意で、何事も得る事が至難である。當分事を控へ時期の到來を待つがよい。

**季候**　冬夏、夏から冬に至るので相反する氣である。夏に起つたことは冬にならねば纏らない。

**偶合**　水火、水と火は互に相剋して大凶である。上水で火が下にあれば雷鳴起るの理でよくない。

**配比**　地天、上地下天で國民上に跳梁して跋扈するの相である。危であつて何事も故障が生ずる。

結婚、媒介者によつて破らる。望事、前人の言は虚で後人の言は信である。失物、事を同じうする人より出る。

相場、大保合休戰である。

**易卦**　坎離　䷾　水火　既濟

既濟は合である。事既に成るので、陰陽の位正しく剛柔和合する。渡りにて船を得、求むる處よく從ひ、欲する處必ず遂げ、總て相通ずる相である。又芙蓉霜を戴の象で誠に美はしい。但し成は亂の始であつて、一旦成就するも末遂に破るの意があるから愼まねばならぬ、此卦は一陰二陽の中にあり、物事整理されて片付く。

## 二、神神 青青

神語　ト兆　加美斐貴能磨々(かみひきのまま)

神より神の意に至るの相。

神典　須佐之男命(すさのをのみこと)、高天原昇給象(たかまのはらにのぼりたまふかたち)

須佐之男命が母神伊邪那美の大神を戀ひ慕ひ給ひて、根の堅洲國(かたすくに)にのみ心ざされたので、遂に海原(うなばら)の統治(とうち)をも怠り、父大神の御怒に觸れて御退去なされる事となった。其御離別(おんりべつ)の爲めに御姊神たる天照大御神の御許(みもと)に昇ります時、何分荒魂(あらたま)の神の慣ひとて、踏み給ふ御足の勢も荒々しかつたので、この參上(まゐのぼ)りが廣く山川草木を震動せしめ高天原にまで響き渡つたので高天原では愕然(がくぜん)として此荒びに備へ給ふほどであつたが、事實は之れに反し、根の堅洲國へ退かれる爲めの訣別(けつべつ)の意と、更に姊君たる天照大御神と御統治上の御打合せの深き御心組(こころぐみ)であつたのである。されば其邪心ない證を表示される爲めに誓約(うけひ)を立てられて、御子の化生(くわせい)を誓はれた。

殊に此誓約の主張は須佐之男命の言の通り勝を得られたので遂には得意の餘り慢心を生じ勝佐備によつて天津罪・國津罪を犯さるゝに至つて遂に天照大御神の天の岩戸隱りの大事件を惹き起したのであつたが、兎に角この五男子の御長子正哉吾勝勝速日命は天照大御神の御意志に適ひ、御寵愛の御腋子として御頸玉をヌナトモユラに授けて御育し奉り、軈て尊き皇統を承繼せしめ給ひ、高御產靈神の女栲幡千々姫命を娶つて皇孫彥火邇々杵命を生み給ふに至つた。此深遠なる神理を神典上正解して宜しく須佐之男神の御心事を判察し奉るべきである。

## 卜兆判

愕然たる驚き事があり、物に疑惑の心を生じて思慮に迷ふ事が出來たり、或は人との親しみを破る兆であるから、萬事人の諫言を用ひ順ふを可とする。例へば物二つありて孰れとも決し難く落付がない場合は、近きを棄て遠きに就くのをよしとする。

此兆を得た人は兎角心が先に進み過ぎる意があり進む餘りに後方を省みる暇が無く、威勢に乘じて傲慢の心が出るので萬事成就し難い嫌ひがある

又災害を招いて住居を離るゝ事がある。然し誠の心を以て。着實に自ら戒めて行けば、必ず後

ち慶(よろこ)びを得る。之れに反し剛強不愼(がうきやうふしん)の人は必ず災害を招くので、吉凶共に只其愼(つゝし)みの淺深(せんしん)に依つて定(き)まるのであるから深く意を用ゐねばならぬ。

又初めに騒いで後に靜かになる意があるから、小心で臆病(おくびやう)となり、引込み思案をするのは最も不可である。何事も我意志の儘(まゝ)に遠慮なく發展して、勇斷に進めばよい。

病の人は多く神經質であつて、病症は煩悶(はんもん)が原因して居る。又物に觸れて怒り且つ悲しむ等の傾がある。老人は氣虚(ききよ)か又は癇症(かんしやう)であり、心疾等の患(わづらひ)であるから、養生を怠らねば治る。

## 雜兆

| | | | |
|---|---|---|---|
| 數順 | 三 | 三 | 衰 |
| 方位 | 東 | 東 | 東門叛日 |
| 季候 | 春 | 春 | 春向過育 |
| 偶合 | 木 | 木 | 比和中吉 |
| 配比 | 神 | 神 | 神慮遍 |
| 易斷 | 震 | 震 | 爲震雷 |

**數順**　三三、三の併位で、三は數の定數、順定の理につく。又六は財祿豐富であつて、長上の引立を受け、榮譽一身に集まり生涯幸福を得る吉數である。

**方位**　東東、東は卯の方で東門といひ、春日明神の守護地である。家居には東張出しは普請の相、倉庫は相續爭ひの相、便所・井戸は病氣の相である。少しく眞向を避けねばならぬ。

**季候**　春春、春の眞中で、東方春にあつて木を生じ、極めて生育の伸ぶる意である。

**偶合**　木木、木の比和中吉である。又青木といひ春の發生の如く、震陽下に起り、退物上に止まるので、萬物の終始よく通ずる。

**配比**　神神、神の心の儘といふ意で加美斐貴のまゝで神を信じてよく事を治むるによし。夫婦中睦まじきも憂多し。結婚、兩所より來る、南西よし、望事、後なる。

相場、下りて保合俄然出直る買方針よし。

**易卦**　震震　䷲　震爲雷

震相重つて、雷と爲る、震は性を雷とし、其用を動とする。雷陽の發する元氣である。又陽は君子で、陰の小人に壓せられ、奮發衝突して陰を破り、暢達するの象である。震の長子が火風鼎から社稷を受けたと云ふ古事があり、卽ち其天位を繼承する時で瑞祥である。

## 一二、咲神　白青

神語　卜兆　加美於哆斯怡

加美より依身に切れ、顯より幽に入る。神の穩し息の意で、動靜時に隨ふの相、

神典　櫛八玉神、鵜化給象

櫛八玉神が鵜に化りて、天之眞名咋を大國主神に捧げ奉つた象である。大國主神が天孫に御國讓り遊ばされ、出雲杵築の底つ岩根に宮柱太しく立て、高天原に氷木高知りて、宮殿を作り、大國主神の御靈を永へに鎭め座しまし、國民歡呼の裡に美はしく仕へ奉つたのである。櫛八玉神は此宮の膳夫に任命されて、大神の御饌を調進する役目となられた。而して此宮には天穗日命が奉仕の司となつて祭祀の事を掌り給ひ、卽ち天乃八十毘良迦といふ土器を造り、燧臼、燧杵を以て火を鑽り出し、多くの海人どもの釣獲つた鱸を調理して天之御饗を調理し奉つたので、かくして御國讓りは建國の劈頭に於て平和に行はれ、天神から心をこめられた天之御饗を神乃禮自利と

して奉られたのである。大國主大神も、これに大なる御滿悅を感じられて出雲に御鎭まりになり皇室の近き護りとなつて退隱遊ばされると共に、永く皇室に對し忠誠を盡されたので、此段は大國主神を優遇し奉るに櫛八玉神が仕へ人となつて、天上と同樣の天之御饗を奉つた意である。

## 卜兆判

神語の兆の如く、依身は上に位して悅びとなり、神は下に潜んで主位に居る。其悅びとするにも我意私慾に悅んだり、同じ潜むにも、私憤によつて世を脫する樣なのは正しき道ではない。自己の名鑒に慢ずる事なく、何事も時期の來るまで靜かに待つべきものと悟つて、何事にも强ひて事を爲さず、顯幽共に其順に從うて、よし顯れてもひそかに悅び、潜みても心で樂しむ位の宏量を持つ事が肝要である。されど常人は大概此大德を修養することが出來ないので、兎角性急短慮に事を計つたりするから、忽ち悔いを招き損失を蒙るに至るのである。

又義理にせまられて是非なく自己の思案を捨つる意もあるから、この場合にも我意を立てず、强情な氣を改めて、其時に從ふをよしとする。何事にも貞明誠實に順なる時は萬事吉となるので物事其舊を守つて人と和順なるやうに心がけて居れば、自づと幸福を來すのである。

又女難があるから愼まねばならぬ、又他國の人と親しき間柄となるの意がある。

病の人は心氣を勞するから諸症を發する。又腹中に異常があつたりして病が轉變する惧れがあるから注意を要する。

## 雜兆

| | | | |
|---|---|---|---|
| 數順 | 四 | 三 | 亂 |
| 方位 | 西 | 東 | 西門日負 |
| 季候 | 秋 | 春 | 春秋凋落 |
| 偶合 | 金 | 木 | 相剋 |
| 配比 | 人 | 神 | 神意大惠 |
| 易斷 | 兌 | 震 | 隨 |

**數順** 四三、三から起つて四に至るので總て初めに整ひすぎて油斷して凶と變ずる。又横柄强情を愼めば凶を變じて吉となすことが出來る。

**方位** 東西、東から西に相對し相反する象であり、日に向ひて立ち日の沒するに面して終るので、變轉ことに烈しい。

**季候**　秋春、春から秋に向ふが如く、移り氣が強い。自重して事をなすがよろしい。物には凋落の秋あることを知つて常に戒めねばならぬ。

**偶合**　金木、木と金は相剋して大凶である。

**配比**　人神、神が人の境に入るのは何事もよすぎて却つて位負けをするもので、よく己れの德を修むるを要す。夫婦中善し。結婚、成就、出産、男子。就職、時の至るを待てば吉。

相場、下の陽上に昇らんとするも陰靜で高下一樣ならず、總て强氣である。

**易卦**　兌震　☱☳　澤雷、隨

隨は順である。雷の澤中に潛んで、動靜時に順ふの義で、兌を悅として客位に置き、震を動として主位とする。悅んで働くことには多く不實不正である。

隨順は吉であるが、眞に虛實正邪を正しての順でなければ、後必ず大災害が生ずる。愼んで心貞明に順ふ時は百事吉兆となる。物事常を守つて和順なるに越したる事はない。

## 一三、爲神 黃耆

神 語　卜兆　加美珥碁斯(かみにこし)

加(か)美(み)に起ちて多咩(ため)に顯れ再び動くの相。

神 典　諾册二神復歸道修給象(なぎなみしんふたたびつてみちをおさめたまふのかたち)

伊邪那岐(いざなぎ)、伊邪那美(いざなみ)の二神、先に女言先立て給(をんなことさきだちてたま)へる凶事を順に反さんとして、天に上(のぼ)つて、天神(あまつかみ)の教を乞はれ、太占(ふとまに)の教によつて、女言先立(をみなことさきだ)てたるは天業に適(てんげふかな)はないとの判定を得給ひ、決然悟(さと)りを開いて、再び歸つて茲に完全なる正道を立てゝ、この漂(たよ)へる國の修理固成をなし給うたので所謂太極・陰陽兩儀の根本が茲に定まり、秩序ある吾が神・國・君(しんこくくん)・の基が立つて、國民の大綱は歴然として永遠の史實を傳へたのである。即ち諾册二神が天神の命を受けて、先づ國を生み給ひ、次に之を主配する山に川に野に草に、悉くの神を産み給ひ、最後に火の神を生み給うて、神避(さ)り給へる後は、火神から水の神・土の神を化生し、五穀の發生となつて完全なる國土を形成したのであつた。

伊邪那美神を失はれた伊邪那岐神は一たびは女神を慕ひて死の幽界に出入せられたが、愈其生死の境界に分限を定められてからは、死穢の淨化を決心遊ばされ、御禊祓の行事に依つて八十禍津、大禍津を去つて神直日・大直日の正曲分類の心を得給ひ、かくて淸々淨々の裡に統治の君主たる、三柱の貴子を擧げさせられ、永く皇統の基を定められた事は、實に皇國の尊い御成立である。而して其神々の、末孫・末裔・本流・支流は益々繁榮して我が九千萬國民の大綱をなしたので、此大綱によつて君は神を敬つて民に臨み給ひ、民は神を仰いで君に仕へ奉り、君を尊び親に仕へて忠孝一如の國是をなして居るので、實に三千年來金甌無缺の美を世界に誇つて居る所以である、されば此象を得たらむ人は、先に過つて後に改め、再び世に立つの兆に適ふ。

## 卜兆判

此兆は恰も木々が秋より冬に至り、樹葉枯落したのが、復び芽を生ぜんとする期に向つた兆である。一體物の生ずるは其氣至つて微妙であるから、挫折の難は多いが、漸く春陽發起するに及ぶと、追々力が强くなつて此害を免れることが出來る。故に十分に艱苦困難に堪うる力がなけねば復び善き芽をふき、葉を生ずる事が出來ない許りでなく、遂には根元まで枯してしまふに至る總て物事萬般再三の苦節を積んで成るのであるから、所謂艱難汝を玉にすると云ふ諺のやうに、辛棒が肝要である。火急に成功を望んで、焦つてはいけない。性急に事をせんとすると必ず事破れて後悔損失を招くのである。たとひ今窮困し不自由を感ずることがあつても、飽迄志を堅固に持つて保持すれば後榮達すること確かである。

又歸國、歸參等の事は必ず事整ふ兆である。

病の人は平生大望を身に引受けて心勞絶えず、病再發の意である、婦人は氣血衰弱、經行不順で長病の兆である。

## 雜兆

| | | | |
|---|---|---|---|
| 數順 | 五 | 三 | 元　合 |
| 方位 | 中 | 東 | 陽　氣　中　滯 |
| 季候 | 土用 | 春 | 春　陽　早　熟 |
| 偶合 | 土 | 木 | 相　剋 |

配比　物神　物神恵與
易斷　艮震　頤

**數順**　五三、三より五に至る、共に吉數である。合して八となる。忍耐力強く進取の氣象に富んで志望を貫徹すべき幸福數である。

**方位**　中東、東から中に至るは主人文筆に長じ、婦人の身内から助力がある兆である。但し婦人は多辯、主人は酒色を愼しむべく、又東に物を置けば陽の生氣を剋するので凶事に相遇する。

**季候**　土用、春、春が土用の節に入るので早熟するの相である。

**偶合**　土木、木土と相剋して凶である。親兄弟不和、口説絶えない。水性の人が之れを和す。

**配比**　物神、神が物を生ずるので恵與の良相である。結婚、成る、其他萬事皆吉。

相場、地上に重きものありて小往來あり。

**易卦**　艮震　䷚　山雷、頤

頤は養ふである。上下二陽に陰を含むので外實にして中屈である。下動いて上に應ずるので、頤養は道を愼み食を節するをよしとす。己を養ひ人を養ふにも正と不正との別のあるは自然の理である。殊に君子は天命を知つて徳を養ふとある通り、よく己を守ることが肝要である。

## 一四、吐神　黑青

神　語　卜兆　加美怡枳斯伊（かみいきしい）

加美（かみ）より吐（と）に切れ、屈して伸びざる相。

神　典　天穗日命（あめのほひのみこと）、大國主神媚着（おほくにぬしのかみにこびつきたまふのかたち）給　象

天神が皇御孫命（すめみまのみこと）を國土に降し給ふに當り、先づ大國主神に國讓りの交渉を始め給ふのに、天穗日命（あめのほひのみこと）を第一回に降して、天神の命を傳へしめ給うた。天穗日命は何の策謀（さくはう）あつてか三年に至るも大國主神の許に留まつて、復命（かへりこと）をしなかつた。此兆にては、其天穗日命の御心に思ひ合すのである。天穗日命は高天原の神であるが、神御産靈神（かみむすびのかみ）の御系統（ごけいとう）を繼いで居らるる素戔嗚神（すさのをのかみ）以來の御精神に何か共鳴せられた爲（た）めであらうか、又他に深い御思考（ごしかう）のあつてのことか、此點は各種の神典の上からよく吟味（ぎんみ）すると深遠な意味が潜んでゐようが兎に角大國主神の御許に止まつて三年に至るも復命をせられなかつた、さて其爲めに天上では更に、天若彥命（あめのわかひこのみこと）を降し給うたが此神もまた

復命し給はず、最後に經津主神によつて全く意志の疏通を見て完全に天孫に此國土を奉還し奉つたのであつた、此天穗日命が大國主神に歸順せられた遠大な御意志は總て皇國將來の爲めであつたことは勿論で大國主神としても此國土を天孫に奉還して總ての大任の重荷を下された事であらう。斯くて天孫降臨に依つて皇室の御統治は始つたのである。而して此天穗日命は大國主神の御寵愛の神として出雲杵築の宮の奉仕人となり、出雲國造として永く祭儀の職を掌りその末裔は以て今日に及んで居るのである。

## 卜兆判

此兆は、行ふ事何事も速かには捗らない、唯だ徐ろに伸進の時期を待つより外にない。恰も天穗日命が神典の御行動のやうに、御自分には相當深い御考へがあつたのであらうが、他からは大なる疑ひを受け、屈して伸びない不自由を感じられた通りである。故に何事にも決して志氣を屈しないで、久しく耐忍すれば後必ず幸福に向ふのである。殊に此兆を得た人は動けば必ず災患敗失がある。急を要する事でも最もよく愼しみを加へ、無暗に自己の器量才智を出さないで、靜かに先方から來る時を待つがよい。若し强情不明であれば、或は一旦天に勝つて小成することがあつても、事半で破れ却つて大患を生ずるのである。

又住居の事で損失憂苦があつて、常に不安心で落ち付がない意がある。

且つ物事成らんとしても横合から故障が出で調ひ難い。或は心外無念の事があつても、其人に向つて欝憤を述べ難い事情があるが、堅く隱忍して志操を變へずに行くのが我が身の德である。

病の人は疳氣高ぶり、氣が欝塞して怒り。或は悲しみを起す症、又時々下痢したり、祕結したりする症である。

## 雜兆

| | | | |
|---|---|---|---|
| 數順 | 一 | 三 | 完 |
| 方位 | 北 | 東 | 鬼門天照 |
| 季候 | 冬 | 春 | 春節塞閉 |
| 偶合 | 水 | 木 | 相生 |
| 配比 | 地 | 神 | 福德生地 |
| 易斷 | 坎 | 震 | 屯 |

**數順**　一三、三位一體に纏つて必ず物事よく整ふ。但し合して四の凶數になる惧れがありから、中年以後は油斷して失敗することがある。

**方位**　北東、東北で東より北に向つて居るので鬼門である、總ては閉づる方位である。

**季候**　冬春、春から冬に入るので、春暖に再び寒氣を生ずるの意で沈滯する相である。

**偶合**　水木、水は木を養ふので、相生じて大吉である。

**配比**　地神、神地に立つて居る。人、誠を以て敬せば神助を受けるので福德あつて吉である。事業は他人と共に求めるがよい。失物、遠方に求める。結婚、進み難い然し遲れて成就す。出産男子。相場、弱人氣に反して騰る。

**易卦**　坎震　䷂　水雷　屯

屯は難である。物始めて生じ困苦して未だ暢ざるの象で、坎を水とし、震は草とす。卽ち水中の草の芽を出さんとして物の上に停滯して之れを覆ひ阻むので屈伸が自然でない。坎は一陽二陰の間にあつて卽ち、惡中にあるを以て、其德を陷れることゝなる。

## 一五、普神　赤青

神語　卜兆　加美阿珂唎

加美が上るの意で、其神通を失ふの相。

神典　天若彦命、道誤給象

曩に天穂日命が降られて三年に至るも返言が無いので、更に天上では合議の結果、勇武の天若彦命を選んで、これに弓矢を賜ひ、公式の使者として此國土に降さしめられたのであつたが、第一に大國主神に神勅を傳へて、談判交渉を遂げねばならぬ使者の役目を持ち乍ら、下界の下照姫命を娶つて安居を定め遂に天上への復命を怠つた。それのみでなく更に天神の使として來た雉女を射殺して、頓使に終らしめた。然るに運惡るく其雉女を射る際に用ゐたものは天神から賜はつた天羽々矢で、然も其射放つた矢が天神の御許に達したのが運の盡きで、遂に高天原に座す高木神の御怒りに觸れて、天神からの反り矢に當つて一命を失はれたのであつた。之れ全く天罰とも云ふべく、假令神でも行ひを誤り、道を違うて反逆をなすからは直ちに懲悪の咎を受けて遂に我身を亡ぼすに至るのである。

## 卜兆判

物事目前に思ひの叶うたやうで、勢力盛んであるが、道に適はないために、思はぬ讒言に逢うて破れるの兆である。これは徒らに外見の美に迷ひ不知不識の間に道を誤つたによる。丁度主人持ちの人が自分の心を主人に云ふことが出來ない様なもので、君臣・父子・朋友の間にも心ならずも和合を缺くことがある。殊に此兆は上下の隔りを生じた場合は主に下に位するものから生ずる誤りで、卽ち君・父・兄・夫は正しきも、臣・子・弟・婦に不正があるのである。正は終に勝ち不正は遂に敗る。同輩の間にも疎隔の讒をなすものがあつて何事も進まず、又協同の事業も故障が起きて破れるに至る。

且つ女難の兆があり、絶對に女子の言を容れて信頼してはならない。妄りに他の浮言讒謗を聽かぬことが肝心で、溫順和平の順に從つて事を運べば、發達繁昌する。殊に仕へる方の者は忍耐克己の精神を修養せねばならない。

總て親疎によらず物の間違から口説爭論の起ることがあるから要心せねばならぬ。

病の人は氣逆上し、心氣の勞れ或は口齒の痛みがある。又吐血することがあつて重症である。

婦人は多く血症である。

## 雑兆

| | | | |
|---|---|---|---|
| 數順 | 二 | 三 | 閑 |
| 方位 | 南 | 東 | 辰巳風門 |
| 季候 | 夏 | 春 | 春陽生緑 |
| 偶合 | 火 | 木 | 相剋 |
| 配比 | 天 | 神 | 神上り |
| 易斷 | 離 | 震 | 筮嗑 |

**數順**　二三、三は二に離れて閑である。何事も下る兆である。暫らく澁滯するから急進するは凶である。

**方位**　南東、辰巳風門であつて、青龍權現の守護の地で、家居では神社・門・窓・井戸・泉水を築くは凶で、竈は大吉である。辰巳から右の方位は福運旺盛であるから不淨物を置いてはならない入口門は殊に惡い。

**季候**　夏春、春より夏に向ふので、新緑繁茂して吉である。

**偶合**　火木、火は木を燒き凶であるが木を生じて一面吉である。

**配比**　天神、神が天に向ふので、神あがりの形で、萬事よろしくない。何事も天に昇りつめる兆であるから凶である。失物、兩人の間に求むべし。望事、直ぐ成功しない。相場、保合後、分岐して下る。

**易卦**　離震　䷔　火雷　筮嗑

筮嗑は嚙合をする意で、陽であつて剛である。一物上下を隔て、合體して進むことが出來難い讒邪、間に在つて左右前後を疎隔するので、何事も故障が起り易い。宜しく之を除去することにつとめねば、百事を通じて諸事調はない。何事も性急はよろしくない。

一六、咲咲 白白

神　語　卜兆　依身斐貴能廲々
依身(えみ)の任(まま)にて、笑(ゑ)み榮(さか)える任(まま)の相(かたち)。

神　典　天照大御神(あまてらすおほみかみ)、天磐戸(あまのいはと)開(をひらき)出(いで)給(たま)ふ象(かたち)

神代に於て天照大御神の天之磐戸に齋籠(いこも)らせ給うたのは、實に大事變であって、殊に神慮の尊く深いものがあつての事である。一は須佐男命(すさのをのみこと)の荒魂(あらみたま)の荒びによって、天照大御神の和魂(にぎみたま)が一層の輝きを生じ、宇宙萬物をして更に大修養(だいしうやう)の域に入らしめられたのである。實に天照大御神の天磐戸に身を隱し給うてからは、天地遽(にはか)に暗黑となり、晝は如五月蠅水泡(さばへなすみなわ)沸き、夜は如甕邊耀(なすかがやく)妖神が續出した。八百萬神は辛うじて思彙神(おもひかねのかみ)の神問(かむと)はしに依つて、諸神一同が神祭(しんさい)の誠を致し捧ぐるに天兒屋根命(あめのこやねのみこと)の廣き厚き太諄辭(ふとのりと)、天太玉命(あめのふとだまのみこと)の青和幣(あをにぎて)・白和幣(しらにぎて)の幣帛(へいはく)の奉仕となり、天鈿女命(あめのうづめのみこと)の鎮魂(ちんこん)の御神樂(みかぐら)を奏し給ふことゝなり、眞(まこと)の誠の心の協和によって遂に天照大御神の御心が解け、再び六合の萬界再出し、あな明朗、あな面白、あな樂しき、美しき輝きとなつて、天地玆に再び開明したのである。故によく天照大御神の御魂の輝きを偲び奉つて、彌々明朗、面白、手坤しの心を拜察すべきである。

## 卜兆判

此兆を得たものは總て大吉を得る、是迄何事も惡しく、善事も暗きに覆はれてあつた事が、漸く鷄の初聲に夜の明け渡つたやうに、心配苦勞が一時に解けた兆である。然し一概に喜んで居る計りで物に隨ふ心がなく、不正に溺れたりすると、忽ち凶となる。能く顧みて自らを戒め、道に非ざる悅びを以て、眞の悅びとせずして正しく進んで行かねばならぬ。先に喜ぶ者は後に必ず憂ひがある譬へのやうに、其前後する處をよく斟酌して情僞邪心を觀察し、衆人と倶に共同して物事和順なるをよしとする。

親しき中に爭ひあるか、婦人の爲めに心勞することもあるから愼まねばならぬ。

初め苦しんで喜に向ふ時は大吉、初め喜んで苦しみに向はんとするときは大凶となるからかゝる場合は思ひ切りよく斷念するがよい。

又決して怒りを發してはならない。又餘りに人に親み過ぎて慈惠が却つて仇となることもあるから、よく〳〵勘考する要がある。

病の人は風邪で聲を嗄したり、又大小便が快通しない。病、日々進むの兆である。

## 雜兆

| | | | |
|---|---|---|---|
| 數順 | 四 | 四 | 失 |
| **方位** | 西 | 西 | 西方殺伐 |
| 季候 | 秋 | 秋 | 秋熟收藏 |
| 偶合 | 金 | 金 | 金剛强烈 |
| 配比 | 人 | 人 | 人列生爭 |
| 易斷 | 兌 | 兌 | 兌爲澤 |

**數順**　四四、四の列びは共に大惡數で苦勞が絕えない。然し能く其苦に打勝てば末遂に幸運に向ふが全體に惡い。

**方位**　西西、西正の方位は住吉大神の守護地である。金氣殺伐を司る所で其性は金にして妻女の身上を相するので、婦人の事や又は散財・失敗が多い。家居には便所・倉庫は吉、入口は轉住の相井戸・泉水は酒亂の相、竈は婦人の病絶えない相である。

**季候** 秋秋、秋の季で、物の生じ熟する節であるから物事造成には善く、商店の開業等に適する。然し季候の運行を見なければ凋落する恐れがある。

**偶合** 金金、金金本命比和であるから物事一方に傾き易く性剛である。

**配比** 人人、人が並び立って常に爭を生ずるのであるから十分調和溫良なるを要す。望事、財爭ひを生じ辛苦がある。結婚、病身である。出產、男子、小婦は女子。相場、弱人氣に雷同せぬがよい。

**易卦** 兌兌 ☱☱ 兌爲澤

兌は悅で、一陰二陽の上に顯はれ、新月池に映るの象である。されど悅を以て物に隨ふ時は不正となり易い。思慮を通じて大事に達するの門である。又神氣伸びて顏容和なるを要す。剛內にあり、柔外にあつて、陽剛中に居るので中正正實の意である。

## 一七、爲咲　黄白

神　語　卜兆　依身怡貴斯伊

内に喜び外に順ひ、其時を得たる相。

神　典　天鈿女命、俳優給象

天鈿女命、天照大御神の天磐戸に岩隱りし給うたのを、神和して再び顯はし申さん爲め、天磐戸の御前で天兒屋根命、天太玉命以下の神々が思兼神の御計劃によって種々の所作を立て給ひたのは、一に君を思ふ眞心の發露で、この鎭魂の御神樂の行事こそ、後世の神樂の起源をなし、又天鈿女命が大宮之賣神と御名を稱へて宮中に奉仕する女官の始めとなり、延いては世に愛敬を以て、柔よく剛を制する女の特性を教へ給うたので今も稻荷大神と祀られ給ひ、女子の信仰を集めてゐる。又天磐戸にして奏せられた御神樂の德によって遂に天照大御神を現はし奉り、再び光明の世界となり、八百萬神を始め衆庶の諸神手を伸し、面を白みて悦び奉り大御神の大慈悲の下に神國の大理想鄕と化したのである。此義を考へ合すれば此象は咲み喜び、樂しみの極に向ふものと知ると同時に、又この磐戶隱りを起した動機を思ひ合すべきである。

## 卜兆判

此兆は誠に目出度い兆であるが、又一面に深く考へなければならない。輕卒に物事に迷ひ、一途に事を進め、悅びに乘じて深入りしすぎて後へ返り難き意があるからである。多く常人は誠實に悅び眞心に順ふのではなくて、私情の爲めに悅び我意の爲めに順ふので、これは眞の悅び眞の順ではない。かういふのは一時は吉のやうだが末を保つことが出來ない。又事に理窟が多くって容易に決しない。

又疑惑を生じ親戚或は親友に就き損失・口說が起るので愼まねばならぬ。

殊に女難を防ぐ要がある。又必ず他人の風評を受け身の上に損害を招くことがある。誠實篤厚の大人が此兆を得ば最も大吉であるが、餘り兆が善過ぎて却つて難義が生ずる。但し君父・師匠・兄姉等目上の人の爲めに獻身の意を以て耐忍して事を行へば意外の發達を來す。

然し兎角人の爲めに心勞して世話事が多いから自分を守ることが肝要である。病の人は心下拒みて脇に痛みがあり、血氣衰へ或は疳氣が強くて心氣を勞し、手足に病みがある。又脾胃二臟に缺陷がある。

## 雜　兆

| | | | | | | |
|---|---|---|---|---|---|---|
| 數順 | 五 | 四 | 元 | | | 失 |
| 方位 | 中央 | 西 | 白 | 虎 | 開 | 口 |
| 季候 | 土用 | 秋 | 大 | 雨 | 沛 | 來 |
| 偶合 | 土 | 金 | 相 | | | 生 |
| 配比 | 人 | 物 | 人 | 以 | 成 | 生 |
| 易斷 | 兌 | 艮 | 損 | | | |

**數順**　五四、四から五に至る。物の終りである。合數九は消極の限數で窮迫・病難・災害を意味し刑禍短命の凶數である。初めを愼み己を省みて進めば末五の吉數を得る。

**方位**　中央西、西から中央に何事も避けねばならぬ。白虎口を開くの意であつて凶方である。家居には入口・窓等あると病が絶えない。

**季候**　土用、秋、秋が土用に入るので大雨の兆であるが季節退く意がある。

**偶合**　土金、土から金を生じ相生じて大吉である。又神佛の加護があつて、心願成就する吉相である。

**配比**　人物、物人によりて動くので形の上では何事もよく治まり、事業等萬事成る。

結婚、此兆の女は再婚であり、男は二妻に別れ女は一夫に別れる。望事、財をなして末全し。

失物、西の方。

相場、性急は凶。利後にあり下ること多し。

**易卦**　兌艮(だこん)　☶☱　山澤(さんたく)　損(そん)

貴賤正位に就くの象で、奢(おごり)を損てゝ孚(まこと)を存するの意。損は益である。山下に澤水有つて山に草木があるから、山下の澤水(たくすゐ)自(おのづか)ら涸(か)れる。是れ下を損して上に益するので、下水涸れて、上亢るの象である。己(おのれ)を損して人に益し、人慾を損して孚(まこと)を存するのである。後に利得を得る事は必ず宜し。

一八、咲吐 黑白

神語 卜兆 依身阿珂唎（えみあかり）

依身より切れて幸を顯し、吐に入りて極り達するの相。

神典 火遠理命（ほをりのみこと）・火照命（ほでりのみこと）、海山幸替給象（うみやまのさちをかへたまふのかたち）

神代に山幸と海幸を換へ、各々分け持ちて幸を得給へる條で、御兄火照命（ほでりのみこと）の海幸の釣鉤（つりばり）を弟火遠理命（をりのみこと）の山幸の弓矢と換へ各々幸を行ひ給うたのであるが、不幸火遠理命が海幸の鉤を魚にとられ給うた依つて兄命に其由を告げ百拜して謝し、百千の鉤を作つてつぐなはれたが、飽迄（あくまで）意地の惡い兄命は承諾（しょうだく）し給はぬので弟命は全く策に盡きられたが、最後に鹽土翁（しほつちのをぢ）の建策（けんさく）によつて海神（わたつみのかみ）の御許に赴き、無事に元の鉤を得て返し給うた。此以來御兄弟の御仲萬事に惡しく事毎に兄の權を振うて弟命を苦しめられたが、邪は正に及ばずで、遂に海神の後援（こうゑん）によつて、兄火照命は降服（かうぷく）し永く弟命の隼人（はやと）となつて仕へ給ふに至つた。此兆は兄命の無理を懲（こら）し、弟命の順を助け給うた神代の大きな物語で、ことに山幸、海幸、幸換の物語の美しき結構は頗る意義ある事である。

## 卜兆判

物事滿つれば缺くるの理で、小人は足る事を知らず、何事も我意を先として私慾を逞しうし、節を守る事を怠り、妄りに事を謀るから過失が多く、後悔して損亡を極めるのである。よく節の時を知り危窮の中に身を守り、操を變へなければ、初めは事成らぬやうだが必ず後に通達し、最後に勝利を得る。此兆を得たる人は總て止まり靜なるがよい。性急に進む時は必ず事敗る。素より不義非道の事は愼まねばならぬ。又住所に不安心の意がある。

又悅來り、又憂に向ふ意があるから物事其道を塞ぎ、又は開き、或は謀る所を速かに辨別しなければ、横合から意外の故障が出て來る。

又言を飾り人を欺き又辯の佞なるに欺かるゝの意があるから、よく親交する人を選んで、着實に考へ事を計らねばならぬ。

無暗に人を信じ、何事も打明けることは、後必ず災の元となる。

病の人は四季不正の邪氣に感じ易く、婦人は血滯で總て危き症である。快氣に向ふには長い時日を要す。

## 雜兆

| | | |
|---|---|---|
| 數順 | 一四 | 安 |
| 方位 | 北西 | 正廻主位 |
| 季候 | 冬秋 | 秋獲完了 |
| 偶合 | 水金 | 相生 |
| 配比 | 地人 | 人地安樂 |
| 易斷 | 坎兌 | 節 |

**數順** 一四、四から一に至る安である。幼少から苦勞性である。中年から家に吉祥を生じて、末幸運に向ふ。然し大概、中年迄に自暴自棄に陷るから愼まねばならない。

**方位** 北西、西より北に至る乾で、大に回って順であり、主人位で重きをなす。然し入口、窓等は凶、押入など不淨を避けねばならない。

**季候** 冬秋、秋より冬に至る、順當である、物を藏する意で吉相である。

**偶合**　水、金、共に相生じて吉である。殊に夫婦間は幸運に恵まれる。

**配比**　地人、人が地に居る形で安樂平穩である。但し神の護りを仰ぐ爲に信心が必要である。結婚二三度求めて後遂げる。失物、草木茂れるところにあり。尋人、自然に知れる迄まつによし。事業、遠所に財を求めて吉である。相場、底値まで陷落す心すべし。

**易卦**　坎兌　䷻　水澤　節

節は止である。澤の上に水が有る象で、澤は水を受け容れるに限りがあつて止まるのである。又澤水は湛へて流れないが、水澤中に滿ち溢るゝ時は流れが覆へり危險である。其受け容れる處皆限りが有る事をよく承知して、其節を守ればよいので、節は度量の器具である。又、節は天地四時の種別がある。狐が泥中を渉り行くの象であり又、穽を作つて自ら陷るの意で、人を擠入れんとして自ら覆へるの意である。

## 一九、普咲　赤白

神語　卜兆　依身於駄斯怡

依身に切れ、普に入る陰靜にして恨むの相。

神典　木花咲耶姫、磐長媛恨給象

日向の高千穗の峯に降臨あらせられて、葦原中國の統治初代の皇祖に座して皇統を立て給うた彦火々邇々杵命は、皇妃を此國土に索め給ふに、先づ大山祇神に謀つて、其女を入れしめられた大山祇神は、吾が女の木花咲耶姫と磐長媛との二女を、深き意あつて奉つた。蓋し岩のやうに變らぬ堅實さと、花のやうに榮ゆる美はしさの二方面か渾然融和して共存した狀態、これを理想の實現として、考察せば實に意味深いものがある。而して結果に於て木花咲耶姫は美にして短命、磐長姬は醜にして長生であつたが、命は木花咲耶姫を迎へて正妃と定められた。卽ち命は遂に自然の人情に傾き、遂に不自然な理想實現を遠ざけられた。當然人間としての純眞性の表はれである。然し理想としては缺けた點がないでもない。爲めに醜なる磐長姫から、美はしい木花咲耶姫に對し、將來天壽永く保つまじと御恨み申上げたことも、今の現實界にとつて、情を矯めぬ缺點を戒められた好き敎訓であらねばならぬ。而して木花咲耶姫は正妃と仰がれ給ひ、日向第二代の彥火々出見尊を御生出せられ、火々出見命は海津見神の御女を正妃と迎へて、玆に山・海兩神の母系の基を立て給うたのにも容易ならぬ尊さが存するのである。

## 卜兆判

同業に從事し、同家に居つて志同じからず、相背き違ふの意がある。故に本末の變動によつて幸福と憂困と吉凶とに分れる。

總て交はりを愼み行を正くせねばならぬ、若し然らずば親子・兄弟の中にも不和を生じ爭ひ事を起すことがある。或は辛勞疑惑の起る事があり、豫め注意をして防ぎ置くがよい。

又彼に背きて此に親しみ、或は物を見て是非を爭ふの意もある。俄の間違から恨み起るの意もあるからにも細心の注意が大切である。

又人の奬めに逢ふた際、假令ひそれが善い話であつても用ひてはならぬ。

又人と隔てが出來るか意志の疏通を缺く事もある、或は讒言に逢ふか、色情によつて親交のある人と隔てを生じ、義理を棄て身を遂せんとし、又は住居を離れて事を望むの意もあつて甚だ不利である。何事もよく節を守つて、正しく己を持するが肝要である。

病の人は、病症變轉があつて定まり難く、爲めに藥餌の效驗がない。よく看護攝生を要する。

## 雜兆

| | | | |
|---|---|---|---|
| 數順 | 二 | 四 | 亡 |
| 方位 | 南 | 西 | 裏鬼門 |
| 季候 | 夏 | 秋 | 秋暑凶節 |
| 偶合 | 火 | 金 | 相剋 |
| 配比 | 天 | 人 | 昇天極 |
| 易斷 | 離 | 兌 | 睽 |

**數順** 二四、二も四も共に惡數で亡である。努力によつては財祿を得、長上の引立を得て榮えるが多くは中年に至り失敗して容易に恢復し難い。

**方位**　南西、申未の地門で即ち裏鬼門である。家居には入口は滅亡の相、張出しは盛衰浮沈定まりなく、倉庫は頑迷の相、男子柔弱であつて女主人となる相である。

**季候**　夏秋、秋から夏に反るので節が順當を缺く意で、農事には特に注意を要する。

**偶合**　火金、火と金が相剋して大凶である。

**配比**　天人、人が天に向ふので人事成就の相であるが、或は夭折の恐れがある。望事、財を求むるに利あり。結婚、成る。訴訟、我弱く彼强い。失物、尋ね難し。尋人、得難し。相場、漸落中底に入る。春夏は下り秋は上る。

**易卦**　離兌　䷥　火澤、睽

睽は乖くである。火の性は上り、澤の性は下り、中女小女其志を同じうせず、同居して而も志同じからず、事皆相馳背するの義である。人は吾を欺き僞るものと知るべく、内悦んで外不明である。故に他に對して十分戒心するを要す。又人離れ財散じ、内外背き違ふことあり、桃李競ひ發すの象にして、方圓長短相背いて各々用をなさない相がある。

## 二〇、神咲 青白

神語 卜兆 依身珥碁斯

依身に出でて、加美に遇ひたる相。

神典 豐玉姫命、火遠理命目合給象

彦火邇々杵命の御子たる、火遠理命が御兄の火照命に海幸の鉤の返還を迫られ、遂に海津見神の御許に教へを乞ひに沈み行かれた際、海津見の神の姫豐玉比賣命が見染め給うて海津宮に御引止め遊ばされた事が御縁となつて、遂に妃となり給うた。而して火遠理命は暫し海津宮に止まり、彼の美しき浦島物語の如く華かなる月日を過されたのであつたが、やがて國土に歸られて、天津日嗣の皇統を繼ぎ給うたこの尊き神代の神話は精神的歸趨點を中心中軸として國土と民衆とが之れに附隨し包容されて、其範圍を擴めて行つた誠に國民性の美しい閃きが見えるのである。天孫邇々藝命に山の神が女を入れて歸服し、彦火々出見命が困厄の境に彷徨うて、鹽土翁の導きによって海の神が女を入れて悦服する。水陸の神の歸服は、やがて日向三代の御統治の德と力とになって、遂に神倭磐余彦命の偉大なる御神格となり神武天皇と仰いで思ふ存分進展して行かれたのである。

斯く水陸兩神の歸服悦服は實に天業の法則に合致して行く處に深遠宏大なる意があるのである

## 卜兆判

婦女は男子に配遇するのを天賦の綱常とするものである。其配遇するにも、正あり不正あり、其情の悦びを以て通ずるは多く正道でない。道によって通じて後、情の悦ぶものは正道である。情を先とし、悦びを以て動くものは義多く正しくないので、百事末を保つことを得ない。必ず反覆停滞があり、事皆棄廢憂離に罹る。諸事間違あって迷惑することがあり、結婚には假令形式にても一定の仲人媒酌を定め、兩親の意に從ひ正しく行ふを道とする。

又自他の志を辨別せずに物事背き違ひ或は住居に放れ或は親しき人の變じて便を失ふの意もあり、不圖した事から、口說爭論を生ずることもある。財を散ずること、女難を防ぐことが必要である。

又言ひ出した事から損亡を來し案じ迷ふ意もある。物に進み過ぎて、本へ引返すに困しむの意もあるから、口を愼まねばならぬ。

病の人は肝癪に因つて心胸を塞ぎ、物に觸れて怒り悲しみ、性急となる。婦人は血分の患がある。

## 雜兆

| | | |
|---|---|---|
| 數順 | 三 四 | 與 |
| 方位 | 東 西 | 日月相反 |
| 季候 | 春 秋 | 季節變對 |
| 偶合 | 木 金 | 相　剋 |
| 配比 | 神 人 | 神慮守護 |
| 易斷 | 震 兌 | 歸　妹 |

**數順** 三四、四から三に至る、後よろしき相である。初めのうちは兎角幸運來らず、萬難を排して進めば後功をなす。

**方位**　東西、東と西と相對し相爭ふので春秋相反する相である。方位の事はよほど注意を要すべく變化が多い。
**季候**　春秋、春秋は相對して凶である。性質、方位共に正ならず、華美を愼み自重するに如かず。
**偶合**　木金、木と金とは本命を剋するが故に凶である。故に物事思慮淺く、失敗を招くが故に、此性以外の者を得て深慮すべし。
**配比**　神人、神に對して專念なれば萬事吉運に向ふべく、所謂神人一致の境涯を得れば安神である神の威靈をうけて居るが、恰も浮雲日を覆ふ形である。結婚、婦人は美なれど夫を重ねる。望事完からず。尋人、失物、出でず。相場、崩れ足、初めは下る。
**易卦**　震兌　☳☱　雷澤　歸妹
歸妹は大也、嫁婦家に歸るの意である。歸妹は天地の大義たる男女配遇する意であつて、其配遇する處皆同じくないのであるから、夫々に意を用ひねばならぬ。不意の禍があるから愼まねばならぬ。又小女が男を追ふの象で、本末顚倒齟齬を來す事がある。

## 二一、爲爲　黄黄

神　語　卜兆　多咩宇琉簸斯

多咩よく盛り、よくたち立つの相。

神　典　大名持神、少名彦神國造給象

大名持神、少名彦神と相並んで、國を巡り作り堅めましたる象で、萬物を生育するの義である。大國主命の國土經營に少名彦神の出現は實に意義がある。卽ち精神的協調に大なる關係があつて、幸魂・奇魂の作用から、少名彦神を得させ給うたのである、魂とは和魂の事で、和魂には幸・奇の二内面がある、卽ち靜かに明かに物を辨別する知識と、幸く美しい感情を表するものとである。知情意の圓滿なる發達は心の態度の奥の理想である。國土經營上數多の磐根錯節を切り開くには所謂荒魂の振起が必要だが、社會人事の裁量は複雜微妙で大國主神が難局に處して遂に行き詰りを生じ、己れの魂に少名彦神の奇魂と幸魂の神助を得て非凡の精神活動となり、遂に國土經營の大功を完うし給うたので、大國主神が少名彥神を得られた事は全く神來の作用に到達して居るのである。

## 卜兆判

萬物生養の義であつて、親しき友を得、又親しき友を失ふの兆である。總て獨りで事を成さんとせず、諸事を謀るに人の心と合せ、相携へ、相順うて事を爲せば最も宜しとする。傲慢にして人の意見を聽かず、獨斷を以て進む時は必ず迷ふ。迷ふ時は其行ふ所剛健に又發達すること能はず、却つて大いに後悔する、故に順靜方正を守り其事に耐へ、物に後れて其功を積み成すは、地は天に後れて、却つて萬物を生育し得るやうに、之れ自然の持前である。堅固に其常とする所を守り貞正なる時は必ず意外の助力を得て、諸般望みのまゝに成就する。

又親子・兄弟・親友の爲めに心配、或は損失することがある。

又住所に辛勞があつて、他に動く心、或は別に事を起さんとするの望みがあるが止めるがよい强ひて之を行へば驚愕破滅するの外ない。

又一方、心勞世話事の出て來る意がある。西南の人、或は老人・隱者の類と事を計る時は其宜しきを得る。

病の人は、脾胃の虚なるによつて飲食澁滯して、腹脹二便利通しない。濕氣を兼ねる症である。

## 雜兆

| | | | |
|---|---|---|---|
| 數順 | 五 | 五 | 中正 |
| 方位 | 中 | 中 | 中宮主位 |
| 孝候 | 土用 | 土用 | 節發生 |
| 偶合 | 土 | 土 | 土陷地 |
| 配比 | 物 | 物 | 物失統 |
| 易斷 | 艮 | 艮 | 艮爲山 |

**數順** 五五、五の列び餘り幸福過ぎて、末遂に滅亡して失意・破亂・憂苦が重なるの相である。一難去つて、一過來るの兆、當分自重隱忍を要する。

**方位** 中央、中央は中宮で八方位を司るから強い。何事も思ひ立つた事は直ぐに行うて吉である。

**季候** 土用、土用、土用は四節の中心となつて居る。季候は土用あつて元へ歸り納まるのであるが常に土用の二節にあって進退動く能はざる相である。

**偶合**　土土、土は比和中吉で、物に傾き熱し易い。土性の質たるや五行の母に象る故に土氣鈍き傾きがある。改むれば必ず吉となる。

**配比**　物物、物のみ相生じては統御の力なく、互に相磨して雷を生じ、圓滿を缺く嫌ひがある。結婚、一人の媒にては成らない。望事、一度にしては出來ず、三度にして成る。旅行、疑あって行くに障がある。相場、堅實の歩調である。

**易卦**　艮艮　☶☶　艮爲山

艮は止まるである。一陽二陰の上に止まる、止る處に止まり、外を顧みざれば吉である。山上の關を鎖すの象で葛藟身を纏ふの意である。此卦は止まるに宜しく進むに損である。又喜憂山に重なるの義であるから、物事は半ば調ふ。又艮は止まるで、陽上に止まり限があって進むに時機を得れば吉となる事がある。

一二二、吐爲 黒黃

神　語　卜兆　多咩宇知簸羅美(ためうちひらみ)

多咩より立ち切れ、吐に內入り開發する相。

神　典　天照大御神、高木神神議給象(たかぎのかみとかんはかりたふのかたち)

天照大御神は葦原中國(あしはらのなかつくに)に理想の國家を建設遊ばされるために、渙發(くわんはつ)された日本建國の大詔(おほみことのり)は、祖神高皇產靈神(たかみむすびのかみ)と神議(かむはかり)によつて天孫邇々藝命(にぎのみこと)に賜うたのである。卽ち「豐葦原千五百秋瑞穗國者是吾子孫可ㇾ王也」の大詔(おほみことのり)の前半は日本國土は永く大御神の直系の御子孫によつて統治せらるべきことを宣布(せんぶ)せられたので、帝國憲法第一條に規定せられたのと前後數千年相應じ相照して我が國體の根幹(こんかん)をなす貴い事實である。又後半の「寶祚之隆與ㇾ天壤ㇾ無ㇾ窮」は日本國家の天津日嗣の皇統は天地の續く限り榮えゆく大理想を御發表になつたものである。かく天祖の偉大なる神格──これから發現して、天照六合(てんせうりくがふ)に遍照し、無限の御慈愛を表現されて居る。此段は實に世界國土發祥創世の初めである。

## 卜兆判

此兆は尊位上にあつて萬國を撫養し、群臣は君德を仰ぎ奉つて、尊敬服從する大基を建つるの意である。

物事人と相議りて届き達したる兆で、貴賤親疎を論ぜず、和實直正を以て廣く公衆に親しむの意である。故に貞正穩和にして仁義の心に篤き者が之れを得たならば、總ての事が發達し顯れ成るの時とす。故に事理曲直を正して、進退共に速かなるに利である。

然し强情惰弱であつて物に疑惑を抱く人は吉運から放れて失敗損失する。又不實短慮の人は住所を離れたり、驚愕破敗を招く。

又他人の爲めに心勞する事尠くない。又人に語られない様な入組み事が起つたり、思ふに任せぬ事が出來する。

總て自己の一料簡を捨てゝ他の意見に順ふ時は幸福に至り得る。

病の人は脾胃虛衰で身體が痿弱である。上、實であつて下、虛であるから心臟が弱く、動悸を患ひ濕氣を兼ねる症である。

## 雜兆

| | | | |
|---|---|---|---|
| 數順 | 一五 | 初 | 中 |
| 方位 | 北中央 | 水神守護 | |
| 季候 | 冬土用 | 季節停止 | |
| 偶合 | 水土 | 相剋 | |
| 配比 | 地物 | 地上豐饒 | |
| 易斷 | 坎艮 | 蹇 | |

**數順**　一五、一も五も共に幸運の數である、財祿を得て老後安全を得る。されど油斷すると合して六となり凶に變ずる。

**方位**　北、中央、子の方位で之れ大陰である。水神守護の地である。家居には門・入口・窓・格子は凶の相、便所は不定の相、井戸・竈共に婦人に祟る。其他住所不定の相である。何事も水邊によつて事を爲せば意を達す。

**季候**　冬、土用、冬季に當り土用の節に至り止まつて居るから、冬季には移動其他萬事中止を要する。

**偶合**　水土、水と土互に相剋して凶である。家内不和、病人・口説がある。

**配比**　地物、物は地の德によつて總て發生するので之れの配比は物事成り財集まる。結婚、虛多く實少ない。望事、自ら求めて成らず、相場、買方の防戰中瓦解の兆がある。賣買は急に利がない。油斷すると大損を生ずる。

**易卦**　坎艮　䷦　山水、蹇

蹇は難である。坎が危險が前に在つて山道盡きて進む能はざるの象で、又體は艮山にして止まる意、用は坎水にして流るゝ形で其體不動であるが、流れ行くの意である。何事もナヤミが多い。又龍の珠を失ふの意があつて寶財上に辛苦がある。

## 一二三、普爲　赤黄

神　語　卜兆　多咩保訶刀弘禮太

多咩右に寄って避けたる爲め、正しきに外れた相。

神　典　伊邪那岐命、身禊給象

伊邪那岐命が黄泉國から歸り給ひ、甚く身の穢れを感じられたので、直ちに日向國憶土の阿波岐原に身禊を行はれ、身心を結成して、君・國の主宰たる三柱の神を生み立て給うた象である。神祭の修祓も年二度の大祓も皆之れに創まる。清淨潔白を尙ぶは我が國民性の特質で、汚れは卽て惡德を意味し、清淨は卽て美德を表はす。しかもこの身禊の行事は先づ身の曲、心の曲たる禍の神を去除し、直く正しき神を認めて淨化し、次で心の修練に專念して高德の神を生じ、遂に淨化完成によって天地國土の主宰神たる三柱の神を生み、然も六合を天照らす完全無缺の天照大御神の大神格の出現となり、高天原の統治を定められたのも、決して偶然でない。次で夜の食國を知らすべき月讀神(つくよみのかみ)を生み、海原を治めらるゝ建速須佐之男神(たけはやすさのをのかみ)を生みなし給うたのである。此段は御潔によって遂に修理固成の大業を完成せられたのである。

### 卜兆判

此兆は是迄の艱難を出でて暗きより明るきに向ひ、昇り進むの吉兆である。されど其進むに一圖に急進してはいけない、成るべく寛裕(くんよう)に進むべきで、外に明るく内に順なる方法によらねばならぬ。故に貞明柔順を第一とし、心を落付けて居れば憂苦自然に散解(さんかい)して、百事心の儘に達成する。諸事萬般既往を考へ、身を顧(かへり)みて私見を捨て、老人長上の意見に順ふ時は後必ず助力を得て幸福益々加はる。之に反し我意(がい)傲慢で過ちを改むる心が無ければ却って凶災(きょうさい)が起る。又家産に異動を生ずるか、住所を動かす様な事が起るが、成るべく静かに熟慮して動かないがよい。急を以てすれば、必ず親しき人と爭ひを生じ、親しみを破り、損失を招き萬事宜しくない。又疎遠(そえん)の人に再會する意があるから、歸國・歸参の類は大抵調ふ。又動もすれば人の讒(ざん)を受け惡(にく)しみを受くることがある故に愼まねばならぬ。病の人は時疫(じえき)・濕病(しつびゃう)・瘡毒(さうどく)である。腰足の悩み、頭痛(づつう)強く眩暈(めまひ)する事あり、又眼病などで其病源は深いから容易に癒らない。

## 雜兆

數順　二五　成　中
方位　南　中央　貴　門　對
季候　夏　土用　炎　熱　危
偶合　火　土　相　生
配比　天　物　物　應　天
易斷　離　艮　旅

**數順**　二五、五から二に至る。初め宜しきも後凶である。子孫の爲めに財を失ふに至る。晩年最も注意を要する。

**方位**　南、中央、南に面す、貴門に向ふので、貴く麗(かゞやか)しく柔順の德を養へば吉である。又眞南を避けねば相續上の爭ひがある。總て中央より事を爲すに年々歲德の順によつて行ふがよい。

**季候**　夏土用、夏が土用の節に入るので、最も危險の節である。

**偶合**　火土、火は土を相生じて大吉である。但し子孫全うしない。

**配比**　天物、物天に應じて萬づ吉である。望事、他人に頼むことは不可。訴訟、和睦すべし。尋人遠くへ去る。出産、女子なるべし。求資、財を遠くへ求めて難く、近きをよしとす。相場、全體に下る相である。夏土用に入つて秋に急騰がある。

**易卦**　離艮　䷷　火山　旅

旅は客である。強きを覆ふといふので、艮山下に止まつて離火其上に輝くの象であつて、火が山上に燒け行き草木悉く火に覆はれて鳥の巣を焚くの相である。其處を去つて又彼處を得ず、又客旅する形で、西山に日傾き鳥を見て矢を失ふの意で、何事も困難不自由な意である。

## 二四、神爲青黃

神　語　卜兆　多咩蘇刀籛囉美(ためそとにはらみ)

多咩(ため)に立ち加美(かみ)に切れ、加美は潜みて正しく内に悦びを含みて發せんとする相。

神　典　火遠理命(ほのりのみこと)、海神許潜給象(わたつみのかみもとにひそみたまふのかたち)

火遠理命は兄火照命と山幸・海幸の幸替をし給うたのが事を起す因となつて、遂に火照命に釣鉤返還の追及をされるのに堪へずして海津宮に向はれた。然も海津宮では豐玉姫と目合(みあひ)まして三年の間滯在遊ばされ、海神の款待厚遇に御夫婦の御仲極めて睦まじう、何の不足も御心配も無かつたが、胡馬北風に嘶(いな)くの喩のやうに、年を經るにつれて望郷(ばっきゃう)の念止み難く、遂に鹽盈珠(しほみつたま)・鹽乾珠(しほひるたま)の至寶を得て、佐比持神たる一尋鰐(ひとひろわに)に乗つて本土に還り給うた。然し依然意地惡い兄命の壓迫(あっぱく)に遇はれたが、幸に海津見神から奉つた至寶の珠の德に依つて兄命を屈服することが出來た。かくて彦火々出見尊(ひこほほでみのみこと)と申されて日向の高千穂の宮で御皇統を御承繼になり、豐玉姫命を妃としてやがて鵜草葺不合命を擧げさせ給うたのである。

## 卜兆判

草木は冬寒に閉ぢられて潜藏し、春陽を待つて地中より發せんとする時である。故に其時を得たからには早速躊躇なく動くがよい。事を擧げ動く時は人心一致して背かない。人心の至誠は一に和するを吉兆とする。百事發達共樂の時で、出世成功疑ひないのである。されど今は困難の時で他國に居て頻りに故郷を懷ふの意であるから、何事も我意を以て事を成さんとせず、老人貴人に尋ねて行を爲さねば不利である。

又悦び過ぎて慢心を生じ怠り弛むの意があるから、物に猶豫懈怠なく進むのがよい。

又事成りて再び破るの義がある。卒然と悦び、俄然と悦びを求め得た時には油斷して臍を噬むの大患が意外な處から生ずる事がある。總て舊知の間から妨害故障を惹き起されることがあるから戒心を要す。

病の人は脾腎二臟の虛で、腹中塊物となつて痛む。又筋骨手足痲痺し或は疼痛を感ずる。

## 雜兆

| | | | | |
|---|---|---|---|---|
| 數順 | 三 | 五 | 成 | 中 |
| 方位 | 東 | 中央 | 東面 | 閉 |
| 季候 | 春 | 土用 | 春節 | 濕 |
| 配合 | 木 | 土 | 相剋 | |
| 配比 | 神 | 物 | 神幸 | 豐 |
| 易斷 | 震 | 艮 | 小過 | |

**數順**　三五、三も五も共に大吉數である。思ふ事成つて宜しきも、機を逸すると合して八となつて調はない。其實行に當り注意を要する。晩年幸運を迎へて安樂となる。

**方位**　東、中央、中央も土用も共に五黄の中宮に在つて總て納まるのであるが、丑辰未戌の性の人は他方に向ふは否、方向は東に限り、季候は春に限り、何事も進んでは不利である。

**季候**　春、土用、春が土用の節に入つて濕氣多く、雨多く閉づる節である。

**偶合**　木土、土は木を養ふも、木は土と相剋するので凶である。殊に親子兄弟不和の相である。

**配比** 神物、物、神に附くので、總て神力によつて幸に向ふ相であるが不淨を愼まねばならぬ。

事、直ぐ成り難し。出産、腹中に患があつて災がある。

望相場、戻り賣り高値永續せず。

**易卦** 震艮 ䷽ 雷山 小過

小過は過るである。二陽四陰の中にあつて小なるもの過るの意である。陽は大で、陰は小である故に小過といふ。我止まつて彼動き、彼動いて我止まるので、又下止まつて上動き、内外相背いて憂離散財の相である。百事進むに利がない。勞して功がない。鳥の飛ぶを見ながら山に逃し門前に兵あつて出入に不自由の意である。又鳥を見、聲を聞いても手に捕ふること能はない意である。

二五、呎爲 白黃

神　語　卜兆　多咩與檻丹理

多咩（ため）に切れ立ち、依身（えみ）盛んに顯れたる相。

神　典　邇々杵尊、瑞御殿造給象

皇孫彦火々邇々杵尊（ひこほのににぎのみこと）は天孫降臨になつて朝日の直刺國（たださすくに）、夕日の日照國（ひでるくに）の雲に聳（そび）ゆる高千穂の槵觸峯（くしぶるのみね）に瑞御舍（みづのみあらか）を建造して天下を統治遊ばしたる兆であつて、誠に芽出度い創立・開業に適する相である。

日向大隅の國境今荷ほ神代の昔を偲（しの）ばるゝ靈峯の西の麓に鹿兒島蛤良（あひら）郡東襲山（ひがしそのやま）村に鎭座ます霧島神宮と、鹿兒島薩摩郡東水引村に鎭座ます新田神社とは實に日本建國第一の大君と仰ぎ奉つた天津日高日子邇々藝命（あつひたかひこのににぎのみこと）の神靈を祀つた御社である。又御配遇に貞烈なる御女性の祖と仰ぎまつる木花咲耶姫（このはなさくやひめ）の神靈は、八面玲瓏東海の天に聳え立つ富士の靈峯に淺間神社として鎭まり座して富士の讃美と結びついて國民崇拜の目標である。

## 卜兆判

上は悦び下は順である。又順つて悦ばざるものなく、内の順なるは自然外に顯はれて祭祀の形となつて大吉である。故に百事吉で通ぜずといふことがない。招かずして公衆相聚るの義で、又に血ぬらずして天下治るのである。此兆を得た人は自然に人徳が備はつて人に崇め尊ばれる福相である。志を立て事を擧ぐるに吉である。されど人相聚れば必ず相爭ふのは常人の習であるから注意せねばならぬ。總て人は至誠に集り利慾を去つて交際をしなければ、一人の不正人の爲めに折角の事業も瓦解することゝなる。

此兆は人群集して市をなすが如く、物の繁昌する意があるが、性急短慮であれば必ず口說・爭論が生じ破れを取る。

又物聚れば散り、散つて又聚る。特に不正邪慾と妄淫とを堅く愼まねばならぬ。

又主從父子夫婦の中に苦があつて心落ち付きがたき意がある。壯年の者は色情を愼むを要す。

病の人は、魚毒・瘡毒の障であり、又胃中和せずして寒濕を夾んで痛みのある症である。

# 雜兆

| | | |
|---|---|---|
| 數順 | 四　五 | 成　元 |
| 方位 | 西　中央 | 西　弱　星 |
| 季候 | 秋　土用 | 秋　長　雨 |
| 偶合 | 金　土 | 相　生 |
| 配比 | 人　物 | 抱　玉　患 |
| 易斷 | 兌　艮 | 咸 |

**數順**　四五、五から四に至るので五は止數(しすう)である。初め順調であるが中年から運(うん)を失ふから、何事も事の初めを愼み、後の悔ないやうに、程度を定めて退くが利得(りとく)である。

**方位**　西、中央、西は常に弱い星の定座であるから、中央より西へ移ることは歲德の關係以外は全部凶である。

**季候**　秋、土用、秋から土用の節に入つて止まるのである。雨量大きく急凉を感ずる。

**偶合**　金土、共に相生じて吉である。但し婦人の身上に就ては禍(わざはひ)がある。

**配比**　人物、物人によつて世に顯はる。されど用ひ方によつて小人玉を抱いて罪ありと云ふ様な事となり罪を作る。望事、舊恩の人によつて成る。出産、男子。結婚、整調す。相場、保合ひて下り目である。

**易卦**　兌艮　䷞　山澤　咸

咸とは感ずるで、無我無心にして自然と物に感ずるの意である。人至誠なる時は天地鬼神も感動すべく、君臣上下萬物に至るまで皆志相通ずる。艮、兌共に少女であつて交感して剛柔相應ずるの象である。山澤二氣を隔てゝ相通ずと云ひ、互に風土に從つて整うて居るので、自然の風であるから無理急速は否である。

神道正傳　**龜卜判斷法**　終

昭和十年九月三十日印刷
昭和十年十月五日發行

神道正傳龜卜判斷法
定價金三圓二十錢



著者　辻陳雄

發行人　鹽見眞平
東京市瀧野川區中里町三三六番地

印刷者　矢島勇三郎
東京市豊島區巣鴨五丁目一〇八二番地

發行所　明文社
東京市瀧野川區中里町三三六番地
振替東京六六三八四番

（矢島印刷所）

神道正伝

# 亀卜判断法

定価 三、八〇〇円+税

昭和十年十月五日 初版発行
平成二十一年八月二十日 復刻版発行

著者 辻 陳雄

発行所 八幡書店
東京都港区白金台三—十八—一
八百吉ビル四階
電話 〇三(三四四二)八一二九
振替 〇〇一八〇—一—九五一七四